J. Jungnitz

Die Grabstätten der Breslauer Bischöfe

Namens des Vereins für Geschichte und Altertum Schlesiens

J. Jungnitz

Die Grabstätten der Breslauer Bischöfe
Namens des Vereins für Geschichte und Altertum Schlesiens

ISBN/EAN: 9783743493889

Hergestellt in Europa, USA, Kanada, Australien, Japan

Cover: Foto ©ninafisch / pixelio.de

Weitere Bücher finden Sie auf **www.hansebooks.com**

Die Grabstätten

der

Breslauer Bischöfe.

Namens des Vereins für Geschichte und Alterthum Schlesiens

bearbeitet

von

Dr. J. Jungnitz.

Mit 18 Lichtdrucktafeln.

Breslau,
Josef Max & Comp.
1895.

Vorwort.

Die Aufdeckung mehrerer verschütteter Bischofsgrabmäler im Dom zu Breslau legte den Gedanken nahe, die Grabstätten sämmtlicher Breslauer Bischöfe, soweit dies möglich erschien, zu ermitteln, die vorhandenen Denkmäler zu beschreiben und die Inschriften festzustellen. Den Druck einer solchen Arbeit übernahm der Verein für Geschichte und Alterthum Schlesiens, während für ihre Illustrirung die Munificenz Sr. Eminenz des Hochwürdigsten Herrn Kardinals und Fürstbischofs Dr. Georg Kopp die erforderlichen Geldmittel gewährte. Zur Abbildung wurden die Monumente ausgewählt, welche einen gewissen künstlerischen Werth besitzen und dabei jene nicht ausgeschlossen, die bereits bei Luchs, Schlesische Fürstenbilder des Mittelalters, sich finden. Leider gestatteten die lokalen Verhältnisse nicht immer, die Denkmäler von der günstigsten Seite aufzunehmen. Die Herstellung des bildnerischen Schmuckes hat Herr Oberlehrer Dr. Roehl überwacht und durch sein sachkundiges Interesse das Gelingen des Werkes wesentlich gefördert.

Breslau, den 15. Oktober 1894.

Im Jahre 1000 wurde das, wahrscheinlich kurz vorher gegründete Bisthum Breslau dem Metropolitanverbande von Gnesen einverleibt. Ueber den ersten, von Thietmar von Merseburg historisch beglaubigten Bischof Johann ist ausser dem Namen nichts bekannt. Auch von seinen Nachfolgern bis 1051 ist jede Kunde verloren gegangen. In diese Zeit ist die vorübergehende Verlegung des Bischofsitzes nach Schmograu bei Namslau und dann nach Ritschen, einem seit dem 15. Jahrhunderte verschwundenen, zwischen Brieg und Ohlau gelegenen befestigten Orte, zu setzen [1]. In Ritschen liess Herzog Ludwig von Brieg 1390 Nachgrabungen nach Bischofsgräbern machen, ohne dass von Erfolgen etwas berichtet wäre [2]. Seit 1051 (1046) residirten die Bischöfe wieder in Breslau [3]. Ihre Reihenfolge ist nun bekannt, aber man weiss auch von ihnen ein Jahrhundert lang wenig mehr als die Namen. Soweit sie als Bischöfe von Breslau starben, darf angenommen werden, dass sie in ihrer Kathedrale die letzte Ruhestätte fanden. Es folgten auf einander: Hieronymus 1051—1062, Johann I. 1063—1072, Peter I. 1074—1111, Siroslaw 1112—1120, Heymo 1120—1126, Robert I. 1127—1140, Robert II. 1140—1143, der auf den Krakauer Stuhl transferirt wurde und 1144 starb, Konrad I. 1143—1146 [4]), Johann II. 1146 bis 1149, der als Erzbischof von Gnesen 1165 starb. Mit Bischof Walther (1149—1169) beginnt das Dunkel sich zu lichten, welches über der ältesten Breslauer Diöcesangeschichte schwebt. Er erbaute eine neue, massive Domkirche, in welcher er sein Grab fand; auf demselben brannte noch 1368 Tag und Nacht eine von ihm gestiftete Kerze [5]. In der neuen Kathedrale wurden auch seine beiden Nachfolger Siroslaw II. (1170—1198) und Herzog Jaroslaw (1198—1201) bestattet.

---

[1] Grünhagen, Schles. Regesten, 2. Aufl. I. S. 5. 11.
[2] Stenzel, Script. rer. Sil. I. 157 Anm. 6.
[3] Schles. Reg. I. S. 12. 13.
[4] Kętrzyński, Schles. Zeitschr. XXVIII. 277.
[5] Lib. Fundat. Episcop. Vrat. (Cod. dipl. Siles. XIV.) LXXXVI.

Cyprian (1201—1206).

Er war zuerst Prämonstratenserabt zu St. Vincenz bei Breslau, dann Bischof von Lebus und ward 1201 für Breslau postulirt. Als er 1206 starb, wurde er, wie er bei Lebzeiten bestimmt haben soll, in der Cisterzienserkirche zu Leubus beigesetzt. Die älteren Leubuser Grabinschriften erwähnen davon nichts, und man möchte auch eher annehmen, dass er sein Grab in einem Kloster seines Ordens gesucht habe.

Lorenz (1207—1232).

Seine Regierung ist ausgezeichnet durch seine Bemühungen für Kultivirung des Bisthumslandes, welches er mit deutschen Ansiedlern besetzte. In diesen Kolonisationsbestrebungen folgte er dem Beispiele des Herzogs Heinrich I. und dessen Gemahlin, der heil. Hedwig. Viele Kirchen wurden von ihm geweiht, und die Urkunden berichten von seiner Freigebigkeit gegen die Klöster. Unter ihm erscheint das Bisthum bereits in die vier Archidiaconate Breslau, Liegnitz, Glogau und Oppeln eingetheilt; auch die urkundlich älteste Circumscription von Pfarrsprengeln datirt aus seiner Zeit. Er starb den 7. Juni 1232 auf dem bischöflichen Gute Preichau, und wurde im Kloster Leubus begraben. Hinter dem Hochaltar der Stiftskirche ist ihm sowie seinem Vorgänger, allerdings erst in späterer Zeit, ein Standbild errichtet.

Thomas I. (1232—1268).

Er gehört zu den hervorragendsten Breslauer Bischöfen, und sein Episkopat ist reich an wichtigen Ereignissen. Die von seinem Vorgänger begonnene Kolonisation setzte er mit solcher Beharrlichkeit fort, dass selbst der verwüstende Einfall der Mongolen das Werk nur zeitweilig unterbrechen, aber die Vollendung nicht hindern konnte. Sein Eifer für die Wahrung der kirchlichen Rechte verflocht ihn in harte Kämpfe mit Herzog Boleslaw von Liegnitz. Er begann den Bau der gegenwärtigen Kathedrale und führte zunächst den Chor auf. Während seiner Regierung starb die heil. Hedwig, und er erlebte noch ihre Kanonisation, starb jedoch vor ihrer feierlichen Erhebung am 30. Mai 1268 und fand in der Kathedrale die letzte Ruhestätte.

Wladislaw, ein Enkel der heil. Hedwig und Erzbischof von Salzburg, administrirte die Breslauer Diöcese bis zu seinem Tode, der am 24. April 1270 zu Salzburg erfolgte; dort wurde er auch bestattet.

Thomas II. (1270—1292).

Er führte einen jahrelangen harten Kampf um die Gerechtsame und Freiheiten der schlesischen Kirche mit Herzog Heinrich IV., bis 1287 in Ratibor eine Aussöhnung zustande kam. Der Herzog stiftete 1288 die Kollegiatkirche zum heil. Kreuz in Breslau und bestätigte vor seinem Tode 1290 dem Bischofe in dem grossen Kirchenprivileg die Landeshoheit über das Neisser und Ottmachauer Land. Thomas II. consekrirte 1272 den Hochaltar der Domkirche. 1274 nahm er mit mehreren Domherren am allgemeinen Konzil zu Lyon theil, und hielt 1279 eine Diöcesansynode. Er starb am 15. März 1292 und wurde in seiner Kathedrale beigesetzt.

Bei den bisher genannten Bischöfen lassen sich die Stellen, wo sie bestattet worden sind, nicht mehr sicher angeben; dagegen sind die Grabstätten der folgenden Bischöfe, mit einer einzigen Ausnahme, genau bezeichnet.

Johann III. Romka (1292—1301).

Er gehörte zur polnischen Partei des Kapitels, und bei seiner Wahl machte sich der Einfluss des Gnesener Metropoliten geltend. Sein Eifer in Vertheidigung der kirchlichen Gerechtsame .brachte auch ihn in vielfache Conflikte mit den schlesischen Fürsten. Als er 1296 auf dem Wege von Breslau nach Trebnitz, wo er am St. Bartholomäusfeste zu pontificiren gedachte, überfallen, ausgeplündert und gemisshandelt wurde, sprach er auf der Diöcesansynode vom 22. November desselben Jahres den Bann aus über die Uebelthäter, sowie über die Verwüster des Bisthumsterritoriums und die Verletzer des Kirchenprivilegs des Herzogs Heinrichs IV. Er starb den 19. November 1301 und liegt im untersten Planum des Presbyteriums der Kathedrale begraben, an der südlichen Sitzreihe der Kanoniker, vor den zum mittleren Planum führenden Stufen. Sein Grabstein hatte folgende Inschrift:

> Mille trecen. primo Domini nascentis in imo
> Transactis annis finitur vita Johannis.
> Continet hec fossa Reverendi Presulis ossa.
> Corde parens casta, stertenti in pulvere, queso,
> Sorde carens asta mihi mortis vulnere leso [1]).

Dieses Denkmal wurde zugleich mit den nächstfolgenden verdeckt, als der Bischof Cardinal Friedrich von Hessen 1677 das Presbyterium mit Sand beschütten und darüber sechseckige, weisse und schwarze Pflastersteine legen liess [2]). Doch wurde die Piëtät beobachtet, die alten Bischofsgräber durch neue Inschriften kenntlich zu machen, und so erhielt auch Johann III. einen Denkstein, auf welchem geschrieben steht: Joannes III. Epus. Wratisl. Obiit anno MCCCI. hic sepultus [3]).

---

[1]) Grünhagen u. Korn, Reg. Episcop. Vratisl. 117. Die Todesjahre der bisher angeführten Bischöfe nach Grünhagen, Regesten zur schlesischen Geschichte.
[2]) Buchmann, Friedrich, Landgraf von Hessen, 85.
[3]) Erdmann, Beschreibung der Kathedralkirche, 32.

Heinrich I. von Würben (1302—1319).

Seine Erwählung bedeutete den Sieg der deutschen Partei im Kapitel, zog ihm aber die Feindschaft der Gegner zu, welche besonders die Vormundschaft, die ihm über die unmündigen Herzöge von Breslau anvertraut worden war, zum Gegenstande schwerer Beschuldigungen machten. Neuere Forschungen zeigen, wie ungerechtfertigt diese Angriffe gewesen sind; sie beweisen zugleich, wie sorgsam Bischof Heinrich die Rechte der Kirche zu vertheidigen und die Disciplin unter dem Clerus zu handhaben suchte, aber auch mit welch ausserordentlichen Schwierigkeiten er zu kämpfen hatte. Es gelang schliesslich, ihn beim apostolischen Stuhle zu verdächtigen, und er wurde unter Suspension von seinem Amte 1309 nach Avignon citirt und daselbst drei Jahre zurückgehalten, bis seine Unschuld erwiesen und er restituirt wurde[1]). Er starb am 19. September 1319 und wurde seinem Vorgänger gegenüber, an der entsprechenden Stelle vor der nördlichen Reihe der Kanonikalsitze bestattet. Sein Grab bezeichnet jetzt eine einfache Marmorplatte mit der Inschrift: Henricus Epus. Wratisl. Obiit anno MCCCXIX. Hic iacet. Als 1886 für Fürstbischof Robert Herzog in der Mitte des unteren Planums das Grab gegraben wurde, stiess man auf die benachbarten alten Bischofsgräber und fand die ursprünglichen Monumente der Bischöfe Johann III., Heinrich I. von Würben, Jodocus von Rosenberg, Nanker und Heinrich von Lebus. Dieselben sind, mit Ausnahme des ersten, erhoben und in der Crypta der Kreuzkirche aufbewahrt. Die grosse Marmorplatte Heinrichs I. trug ehedem das Bild des Bischofs in flacher Bronzearbeit, umschlossen von schlanker gothischer Ornamentik. Leider war die Figur bei der Wiederauffindung des Denkmals bereits von der für sie eingemeisselten Vertiefung abgehoben und verschwunden; es fehlen auch ornamentale Theile, sowie Buchstaben, von denen einzelne lose im Sande gefunden wurden. Die Umschrift ist in schön verzierten gothischen Majuskeln hergestellt, welche wahre Prachtstücke edler Form und ciselirter Bronzearbeit sind. Insbesondere sind die Rundlettern mit Sternchen und einfachen Schnörkeln schön ausgestattet. Die den Rand entlang laufende Inschrift lautet:

> Cetus angelici consortes sint, pie Christe,
> Presulis Henrici, quem marmor contegit iste.
> Septembri mense prope finem, cesus ab ense
> Occidit heu! morti solvens sua debita sorti.
> Anno MCCCXIX[2]).

Nach dem Tode des Bischofs Heinrich wählte die deutsche Mehrheit des Kapitels den Domherrn Veit von Habedank; ihm stellte die polnische Minderheit den Glogauer Archidiakonus Luthold entgegen, focht die Wahl an und setzte es durch, dass die Sache zur Entscheidung an den apostolischen Stuhl zu Avignon gebracht wurde. Nach langen Verhandlungen wurde 1326 zu Gunsten Veits entschieden, der indess schon acht Tage später, am 27. November 1326, in Avignon starb[3]). Der Papst transferirte nun den bisherigen Krakauer Bischof Nanker auf den Stuhl von Breslau.

---
[1]) Wattenbach, Das Formelbuch des Arnold von Protzan, Cod. dipl. Siles. V. S. VI.
[2]) Klose, Von Breslau II. 1. 49. Vgl. auch Wutke. Schles. Zeitschr. XXV. 236.
[3]) Grünhagen, Geschichte Schlesiens I. 162.

Nanker (1326—1341).

Er gerieth als Pole mit dem deutsch gesinnten Domkapitel in Zwiespalt und in heftigen Streit mit dem neuen Oberherrn von Schlesien, König Johann von Böhmen, vornehmlich über das Besatzungsrecht im bischöflichen Schlosse Militsch [1]). Nanker excommunicirte den König, musste aber in Folge dessen von Breslau nach Neisse sich retten. Dort starb er am Karfreitage, 10. April 1341. Sein Leichnam wurde nach Breslau gebracht und im hohen Chore der Domkirche unterhalb des Grabes Johannes III., in der Richtung nach dem Schiffe hin, beigesetzt. Die neuerdings aufgefundene grosse Grabplatte ist kunsthistorisch von besonderem Werthe. Umschlossen von stilvoller, schlanker, gothischer Architektur, welche nach oben in einem Wimperge endigt, befindet sich in flacher ciselirter Darstellung in Bronze die ganze Figur des Bischofs. Auch das einrahmende Ornament, sowie die dasselbe abschliessende gothische Umschrift sind in Bronze hergestellt. Leider ist das Ornament schon sehr beschädigt. Die Umschrift hat folgenden Wortlaut:

Presul Nankerus electus Cracoviensis
Occidit hic verus translatus Wratislaviensis
Mille trecenteuis annis primo quadragenis
In festo Pasche. Deus hunc super ethere pasce [2]).

Bischof Nanker war im Rufe der Heiligkeit gestorben; am 19. März 1719 wurden seine Gebeine als ehrwürdige Reliquien in Gegenwart des Weihbischofs Elias von Sommerfeld und des Domdechanten Leopold Grafen Frankenberg erhoben, in einen neuen Sarg gelegt, verschlossen und versiegelt und unter dem Altare der Domherrensakristei beigesetzt. In die Vorderseite des Altars wurde der Stein eingefügt, der bis dahin im Chore seit der Neupflasterung das überschüttete Grab angedeutet hatte; er trägt die Inschrift: Nankerus Epūs Wratisl. obiit Anno MCCCXLI. In hoc Choro sepultus. Der bei den Gebeinen gefundene Bischofsring wurde dem Domschatze einverleibt. Das Grab im Presbyterium aber verschloss man wieder mit dem ursprünglichen Denksteine, an dessen Langseiten man neben der alten Grabschrift Folgendes in Antiquaschrift einmeisselte: Anno 1719 die 15. Mart. ex Com. Capit. ossa Nankeri Episcopi fama sanc. et fortit. eccles. conspicui hinc levata et alio trans: uti act. Cap. Anno et die ut supra [3]).

Am 1. Juni 1723 beschloss dass Kapitel, dem Bischofe Nanker, ebenso wie dem angeblichen ersten Schmograuer Bischofe Gottfried ein Monument in der Kathedrale zu errichten [4]). Das

---

[1]) Grünhagen, König Johann von Böhmen und Bischof Nanker von Breslau. Wien 1864.
[2]) Abbildung auf Tafel 1.
[3]) Anno 1719 die 15. Martis ex commissione capituli ossa Nankeri Episcopi fama sanctitatis et fortitudinis ecclesiasticae conspicui hinc levata et alio translata, uti acta capituli.
[4]) Acta Capituli 16. März 1719 und 1. Juni 1723.

Nanker.
(Tafel I.)

Nankersche Denkmal steht in der Nähe des Hauptportals am zweiten südlichen Pfeiler und ist aus schlesischem Marmor gearbeitet. Auf einem kunstvollen, mannigfaltig gegliederten Unterbau ruht ein kleines Relief von Alabaster. Dasselbe stellt den Moment der Exkommunikation dar, welche Nanker über König Johann verhängte. Darüber erhebt sich eine mit Bildhauerarbeiten eingefasste schwarze Marmortafel, deren lange Inschrift die Hauptthatsachen aus dem Leben Nankers enthält[1]). — Ein um dieselbe Zeit gemaltes Bild des Bischofs befindet sich im Breslauer Clerikal-Seminar.

Das Denkmal des Bischofs Gottfried steht an dem entgegengesetzten nördlichen Pfeiler. Die erste Grabstätte Nankers ist im gegenwärtigen Pflaster nicht mehr kenntlich gemacht[2]).

---

[1]) Erdmann a. a. O. 134.

[2]) Ihr gegenüber, unterhalb der Gruft Heinrichs I. fand 1345 der zu Breslau im Exil gestorbene Bischof Stephanus von Lebus*) seine letzte Ruhestätte. Die wiederaufgedeckte, ursprüngliche Grabplatte ist in ihrer Ausstattung der Nankerschen nachgebildet. Die Bronzeplatte mit dem Bilde des Bischofs ist abgenommen, und befindet sich in der Domsakristei. Die Inschrift des Monuments lautet:

Mille trecentenis annis quinis quadragenis
Exilio moritur Lubucensis et hie sepelitur
Stephanus antistes, requiem cui Christe piam des.

An der linken Seite der Figur steht noch das Datum des Todes: In die Sci Mathie. — Nach der Uebersehüttung wurde die Stelle mit dem noch vorhandenen Steine bezeichnet, der die Worte enthält: Stephanus Epus. Lubecensis Exul. Obiit MCCCXLV. Hic sepultus**).

Bei den letzterwähnten vier aufeinanderfolgenden Bischofsbeerdigungen beobachtete man eine ganz bestimmte Reihenfolge, wobei man unmittelbar unter den das unterste vom mittleren Chorplanum trennenden Stufen begann; dies berechtigt zu der Vermuthung, dass die beiden vorausgegangenen Bischöfe Thomas I. und Thomas II. oberhalb der Stufen beigesetzt worden seien.

*) Wohlbrück, Geschichte von Lebus I. 460. — Ebeling, Die deutschen Bisehöfe bis zum Ende des 16. Jahrhunderts I. 545. Die Lebuser Bisehöfe besassen in Breslau damals am Sandthor, später auf der Bischofstrasse, die eben diesem Umstande ihren Namen verdankt, ein Absteigequartier. Zeitschr. X., 263.

**) Erdmann a. a. O. 32.

Preczlaw von Pogarell (1342—1376).

Nach dem Tode Nankers wurde Preczlaw, aus dem schlesischen Adelsgeschlechte der Pogarell am St. Gothardsfeste, seinem Geburts- und Tauftage, den 5. Mai 1341 in Neisse zum Bischof gewählt. Der Gewählte lag zu Bologna den Studien ob; er begab sich an den päpstlichen Hof zu Avignon und empfing daselbst am 17. März 1342 die bischöfliche Weihe[1]). Bei seinen freundschaftlichen Beziehungen zu Karl, dem Sohne des Königs Johann von Böhmen, war der unter seinem Vorgänger ausgebrochene Konflikt bald beigelegt. Seine Regierung war überhaupt eine glückliche für die Diöcese. Von Herzog Boleslaw von Brieg kaufte er das Herzogthum Grottkau und fügte es dem Neisser Gebiete bei. Am mährischen Gesenke erwarb er dem Bisthume, welches seitdem das goldene hiess, den grossen Gütercomplex, dessen es sich noch heut erfreut. Die Domkirche stattete er reich mit kostbaren Paramenten aus und baute 1361 an dieselbe, hinter dem Hochaltare, die prächtige Mansionarienkapelle, das sogenannte Kleinchor an. Daselbst fand er auch nach seinem am 6. April 1376 auf dem bischöflichen Schlosse Ottmachau erfolgten Tode die letzte Ruhestätte. Er liegt in einer Tumba. Dieselbe erschien, da bei jeder Neupflasterung der Kapelle der Fussboden erhöht worden war, schliesslich so tief versunken, dass man die in den zwanzig Seitenblenden sitzenden, feingearbeiteten Alabasterfigürchen kaum noch erkennen konnte. Bei der Domrestauration 1874 wurde das Grabmal gehoben und die theilweise verletzten Figuren erneuert. Der Unterbau ist aus weissem Marmor gefertigt; er trägt eine ziemlich weit überstehende braune, graugewolkte Marmorplatte und auf derselben die überlebensgrosse liegende Figur des Bischofs aus weissgrauem Marmor, der schwarze, feingesprenkelte Adern zeigt. Der Bischof ist dargestellt in voller Pontifikalkleidung, die Luchs[2]) gut beschrieben hat; die von ihm erwähnten „zwei edelsteingeschmückten, viereckigen Schildchen" an der untern Albe sind die unter der Dalmatik hervortretenden Enden der Stola. Die Füsse des Bischofs stehen auf einem liegenden Löwen. Um die Bischofsfigur läuft am Rande der Platte in Messingminuskeln die Inschrift: Anno Dni M^o trecentesimo LXXVI sexta die mensis Aprilis obiit Reverendissimus in Cristo pater et dominus dominus Preczlaus de Pogrella episcopus huius ecclesie fundator huius capelle. Orate pro eo Deum. In den Ecken zwischen der Schrift befinden sich vier sehr zierliche Messingschilder, welche das bischöfliche und das Pogarellsche Wappen — sechs Lilien und eine Mauer mit drei Thürmen enthalten. Die Tumba ist von einem schmiedeeisernen, anscheinend gleichzeitigen, engmaschigen Gitter umgeben; an den vier Ecken stehen Laternchen zur Aufnahme von Kerzen; die Giebeldreiecke

---
[1]) Zeitschr. XXVIII. 457.
[2]) Schles. Fürstenbilder des Mittelalters, I. 19.

Preczlaw von Pogarell.

(Tafel 2)

enden in Lilien[1]. — Luchs bringt zwei Abbildungen des prächtigen Denkmals. Die grosse Aehnlichkeit, welche die gleichzeitigen, von dem Dombaumeister und Bildhauer Peter Arler gearbeiteten Bischofsdenkmäler im Dome zu Prag zeigen, veranlasst ihn zu der Vermuthung, dass der Prager Meister auch der Urheber des Preczlaw'schen Monuments sein könne; er erinnert dabei an die engen Beziehungen, die zwischen dem Bischofe und dem kunstsinnigen Kaiser Karl IV. bestanden[2]).

Zum Nachfolger Preczlaws wurde der Domdechant Dietrich gewählt, der aber seine Bestätigung beim Gegenpapste Clemens VII. nachsuchte und desshalb zum Besitze des Bisthums nicht gelangen konnte. Er starb den 15. Februar 1382. — Als Dietrich sich unmöglich gemacht, wurde der Olmützer Bischof Johann, gebürtig aus Neumarkt in Schlesien, postulirt; derselbe starb aber am 20. Dezember 1380.

---

[1]) Abbildung auf Tafel 2.
[2]) Luchs, Schles. Fürstenbilder I. Schles. Kirchenbl. 1861, 243. Lutsch, Kunstdenkmäler der Stadt Breslau 163.

Wenzel (1382—1417).

Herzog von Liegnitz und seit 1379 Bischof von Lebus, wurde er 1382 für Breslau postulirt. Seine Hauptsorge war die Heilung der Schäden, welche die Gewaltthätigkeit des Kaisers Wenzel der schlesischen Kirche verursachte. Zur Hebung der kirchlichen Disciplin hielt er 1410 und 1415 Diöcesansynoden; durch das sogenannte Wenceslaische Kirchenrecht regelte er die Erbfolge bei den Unterthanen im Bisthumsterritorium. Urban VI. bot ihm die Cardinalswürde an, die er jedoch ablehnte. Im Jahre 1417 resignirte er auf das Bisthum und lebte auf dem Schlosse Ottmachau, in der Nähe des von ihm bei der Pfarrkirche errichteten Collegiatstifts. Als er am 30. Dezember 1419 starb, bestatteten die Stiftsherren ihren Fundator in ihrer Mitte. — Nachdem das Collegiatstift durch Bischof Rudolf von Rüdesheim 1477 von Ottmachau nach der St. Johanneskirche in der Altstadt Neisse transferirt worden, wurden auch die Gebeine des Stifters 1479 dorthin übertragen und vor dem Hochaltare beigesetzt. 1491 schmückte das Kapitel das Grab mit einem Denkstein aus Kunzendorfer Marmor. Die Bischofsfigur hebt sich auf demselben in starkem Relief ab; alles Uebrige: Schriftbänder, Wappen, Heiligenfiguren, Thiergestalten, Blattornamente sind aus Bronze und in den Stein befestigt. Die Inschrift, am untern Rande in zierlichen römischen Majuskeln ausgeführt, lautet nach Auflösung der Abkürzungen: Wenceslao primo episcopo Wratislaviensi ducique Legnicensi, qui collegium hoc in Otmuchaw erexit, sempiterne memorie positum. Obiit anno 1419. Am obern Rande steht auf einem Spruchbande: Translatus ex Otmuchaw 1479. Die beiden Heiligenfiguren sind jedenfalls, rechts vom Bischofsrelief der erste Patron der Altstädter Collegiatkirche St. Johannes Baptista, und links der Patron der früheren Ottmachauer Collegiata St. Nicolaus[1]). — Am 19. August 1575 wurde das Grab in Gegenwart der Stiftherren Scholtis und Appelbaum geöffnet. Der bischöfliche Leichnam war zu Asche geworden; auch von der Kleidung und dem Sarge waren nur noch einige Reste vorhanden. Nachdem alles besichtigt war, wurde das Grab wieder vermauert. Das Kapitel, welches damals aus dem Propst Joachim Rudolphi, dem Dechanten Nicolaus Neumann und den Kanonikern Matthäus Scholtis, Matthäus Appelbaum und Johannes Murmellus bestand, beschloss, aus Dankbarkeit gegen den Stifter, das Monument prächtiger, als es vorher war, wiederherzustellen. Es wurde ein tumbaartiger Aufbau, gegen zwei Ellen hoch, errichtet; das Mauerwerk war mit Stuckaturarbeit und mit schön gemalten Figuren der Patrone des Stifts und den Wappen des Fundators und Translators geschmückt. Oben lag der frühere Denkstein mit dem Bilde des Bischofs. Diese Restauration geschah im September 1576. — 1650 wurde das Collegiatstift mit der Neisser Pfarrkirche vereinigt; die Ruhestätte des Stifters blieb aber zunächst unberührt. Als aber 1663 von Ungarn her die Türken und von Mähren aus die

---

[1]) Abbildung auf Tafel 3.

Wenzel.

(Tafel 3.)

Tartaren nach Sehlesien einzubrechen drohten, schien die Sicherheit der Stadt Neisse es zu erfordern, dass die in der Vorstadt stehende ehemalige Collegiatkirche zu St. Johannes abgebrochen werde. Vom Administrator Archidiakonus Sebastian von Rostock, der im Namen des jugendlichen Bisehofs, Erzherzog Karl Joseph, die Diöcese leitete, erging deshalb am 12. September 1663 der Befehl, das Sanctissimum nach der nahen St. Nicolaikirche zu übertragen, die Kirche zu räumen und mit der Demolirung sofort zu beginnen. Derselben fiel auch die Ruhestätte des Bischofs Wenzel zum Opfer. Am 13. September räumten die Maurer ab, was über der Gruft war; abends 8 Uhr wurden die Gebeine des Bisehofs vom Dechanten Jahn, dem Kanonikus Biltzer und Curatus Reich erhoben, in einen neuen Sarg gelegt und um 8½ Uhr in Begleitung der Franziskaner mit Fackeln unter feierlichem Geläut nach der St. Nicolaikirche gebracht. Bei der Erhebung war an einem unversehrten Handschuh steckend, in welchem noch zwei Finger waren, der goldene Ring des Bischofs gefunden worden. Am 13. Februar 1667 waren die bischöflichen Ueberreste noch in der St. Nicolaikirche; ob dieselben später, vielleicht gleichzeitig mit dem Grabsteine, nach der Stadtpfarrkirche transferirt worden sind, konnte bis jetzt nicht festgestellt werden. In der ausführlichen Beschreibung, welche Pfarrer Pedewitz 1682 von der Pfarrkirche giebt, geschieht des Epitaphiums keine Erwähnung. Dasselbe war im Umgange an der Rückseite des Hochaltars senkrecht eingemauert. 1847 wurden auf dem schadhaften Denkmale drei Wappen und neun Verzierungen in Gips ergänzt[1]). Bei der Aufstellung des neuen Hochaltars 1894 wurde das Monument entfernt und zwischen der Sakristeithür und der Salza'schen Tumba in die Wand eingefügt.

---

[1]) Luchs, Schles. Fürstenbilder 2. Schulte, Mus. Zeitschr. IV, 44.

Während Wenzel Bischof von Breslau war, hatte sein Bruder Heinrich den Bischofstuhl von Wladislaw inne. Als derselbe am 12. Dezember 1398 starb, fand er sein Grab in der Breslauer Kathedrale und zwar mitten im untersten Chorplanum, nicht weit von den Stufen, die zum Schiffe hinabführen. Das Grab ist bezeichnet mit einer Messingplatte, auf welcher der Bischof in Pontifikaltracht, umgeben von einem reichen, nischenartigen gothischen Aufbau, mit dem Griffel in Linienmanier dargestellt ist. Die Ecken sind mit dem schlesischen und polnischen Adler und mit dem Liegnitzer und dem Piastenwappen geziert. Die um den Rand laufende Inschrift lautet aufgelöst: Anno Domini MCCCXCVIII⁰ XII die mensis Decembris obiit Reverendus in Christo pater dominus Heynricus Dei gratia episcopus Wladislaviensis dux Slesie et dominus Legenicensis. Orate pro eo*).

*) Luchs, Fürstenbilder 19.

Konrad II., Herzog von Oels (1417—1447).

Seine Regierung fiel in die für Schlesien verhängnissvolle Zeit der Hussitenkriege. Das Land wurde verwüstet, und alle Bande der Ordnung lösten sich. Um den Widerstand gegen die feindlichen Einfälle zu organisiren, wurde Konrad zum Landeshauptmann über ganz Schlesien von König Sigismund bestellt, und die schlesischen Fürsten setzten ihn an die Spitze des Bundes, den sie zur Erhaltung des Landfriedens geschlossen hatten. 1435 erliess der Bischof ein Statut, welches principiell die Ausländer von den Präbenden der Breslauer Kirche ausschloss. Die Polen sahen darin eine gegen sie gerichtete feindliche Kundgebung, und ihre Chronisten zeichneten dafür das Charakterbild des Bischofs in dunkeln Farben. Konrad ging schliesslich in den Geldnöthen unter, in welche ihn und sein Bisthum die Bedrängnisse der Zeit gestürzt hatten[1], und legte 1444 sein bischöfliches Amt nieder. Der Papst aber nahm die Resignation nicht an. Nach Wiederaufnahme der Regierung hielt Konrad 1446 eine Synode. Er starb am 9. August 1447 auf dem Schlosse Jeltsch bei Ohlau[2] und wurde in der Breslauer Kathedrale beigesetzt[3]. Sein Grab ist unbekannt; aber es ist zu vermuthen, dass er die vom letztbestatteten Heinrich von Wladislaw eröffnete Reihe der Bischofsgräber in der Mitte des untersten Chorplanums in der Richtung nach dem Hochaltar hin fortgesetzt habe, zumal sein zweiter Nachfolger Jodocus diese Reihe unmittelbar vor den zum mittlern Planum hinaufführenden Stufen abschloss. Ist diese Vermuthung richtig, so ruht er jetzt zwischen Bischof Heinrich von Wladislaw und Fürstbischof Robert Herzog.

---

[1] Grünhagen, Gesch. Schles. I. 260. 273.
[2] Pfotenhauer, Schles. Zeitschr. XXV. 200.
[3] Klose, Von Breslau II. 2, 79.

Peter II. Nowak.
(Tafel 4.)

Peter II. Nowak (1447–1456).

Nach Absolvirung ernster Studien stieg er im geistlichen Stande von Stufe zu Stufe bis zur Würde des Propstes im Breslauer Domkapitel. Als Bischof wusste er sich in hohes Ansehen zu setzen. Auf der Synode von 1454 suchte er die kirchlichen Schäden zu heilen. Durch weise Oekonomie gelang es ihm, die bischöflichen Finanzen zu heben und einen grossen Theil der unter seinem Vorgänger verpfändeten Kirchengüter wieder einzulösen. Er starb, vom Schlage gerührt, auf dem Schlosse Ottmachau den 6. Februar 1456 und wurde drei Tage später im Hochchore der Breslauer Kathedrale an der Epistelseite des Hochaltars bestattet. Sein Denkmal ist eine aus mehreren Stücken zusammengesetzte Messingplatte, auf welcher er im vollem Ornate, umgeben von reicher Architektur und vielen Figuren dargestellt ist. Die an den Ecken durch Wappen unterbrochene Umschrift in gothischen Minuskeln lautet aufgelöst: Reverendus in Christo pater ac dominus dominus Petrus Dei gratia episcopus Wratislaviensis obiit anno domini MCCCCLVI" mensis Februarii die sexta [1]). — Der Meister, der das Denkmal geschaffen, konnte bisher nicht sicher festgestellt werden. Da Jost Tauchen damals als Rothgiesser in Breslau blühte und 1462 den Auftrag erhielt, für den Gnesener Erzbischof Johann Sprowa eine der Nowakschen ähnliche Grabplatte zu giessen, so liegt die Vermuthung nahe, dass er auch der Schöpfer des Denkmals des Bischofs Peter Nowak sei, und dass grade der Ruf, dem ihm dieses Werk verschafft, Veranlassung zu der Gnesener Bestellung wurde [2]). Andrerseits kommt Bergau durch Kombinationen und Vergleichungen zu der Behauptung, dass das besprochene Denkmal aus der Werkstatt des Hermann Vischer in Nürnberg, des Vaters des Peter Vischer, hervorgegangen sei [3]).

---

[1]) Abbildung auf Tafel 4.
[2]) Alwinus Schultz, De vita atque operibus Magistri Jodoci Tauchen lapicidae Wratislaviensis. Vratislaviae 1864. 20.
[3]) Museums-Zeitschr. IV, 87.

Jodocus (Jost) von Rosenberg (1456–1467).

Er war ein böhmischer Edelmann und Grossprior des Johanniterordens. Bei seiner friedliebenden Natur hatte er einen harten Stand in den kirchenpolitischen Kämpfen, die während seiner Regierung zwischen dem hussitischen Böhmenkönige Georg Podiebrad und den deutsch gesinnten Breslauern entbrannten und die Gemüther im höchsten Grade erregten. Während der Streitigkeiten um die Krone Böhmens eroberte er das dem Bisthum früher entrissene Zuckmantelsche Gebiet zurück. Er starb, erst 36 Jahr alt, zu Neisse am 15. December 1467. Sein Leichnam wurde nach Breslau überführt. Hier verweigerte der Magistrat, der durch Massregeln des Bischofs beleidigt worden war, die Durchführung des Leichenzuges durch die Stadt, bis die zum Landtage anwesenden Fürsten eine Einigung vermittelten. Die bischöfliche Leiche fand, wie bereits angedeutet, am östlichen Ende des untersten Chorplanums, in der Mitte vor den Stufen sein Grab. Dasselbe wurde gefunden und aufgedeckt, als man 1886 dem Fürstbischofe Robert Herzog die letzte Ruhestätte bereitete. Zuerst stiess man ziemlich tief unter dem gegenwärtigen Pflaster auf den stellenweis abgetretenen marmornen Grabstein, der herausgehoben wurde. Er zeigt die nahezu lebensgrosse gemeisselte Ganzfigur des Bischofs Jodocus im Ornate. Dem Bischofe zu Füssen kauert, wie dies bei den Darstellungen der Breslauer Bischöfe jener Zeit auf den Grabsteinen üblich ist, ein Löwe. Rechts am Kopfe ist das Familienwappen der Rosenberg: ein Schild mit einer stilisirten Rose. Am obern Rande des Steins befindet sich die Inschrift: Anno 1467. 15. Decembris Neisse obiit reverend. pater item dominus Jodocus de Rosenberg Eps. Wrat. hic sepultus[1]). Das Portrait auf dem Denkmale macht zur Gewissheit, was man bisher nur vermuthete, dass das Standbild zwischen den beiden nördlichen Säulen am Hauptportale der Domkirche den Bischof Jodocus darstellt. — Der Stein bedeckte ein Grabgewölbe. Nach Durchschlagung desselben fand man, ausser grossen, starken, aber ganz morschen eichenen Bohlenstücken, welche deutlich die Seiten, den Boden und Deckel des Sarges erkennen liessen, Todtenasche, einen Theil der Hirnschale, Brust- und Schenkelknochen. Ausserdem wurden vorgefunden Reste der Kasel und des mit Federn gefüllten Kopfkissens, sowie die Schuhe. Der interessanteste Fund war ein kleiner gothischer Kelch mit Patene; an der Cuppa ist ein Stück von der Grösse eines Fünfmarkstücks ausgefressen, ebenso zeigt sich am Fusse eine leichte Beschädigung; dagegen ist die innere Vergoldung gut erhalten. Die Ueberreste der Gebeine wurden in eine Albe gesammelt und am Kopfende des Grabes eingemauert, das Grab selbst aber zur Ruhestätte für den jüngst verstorbenen Fürstbischof Robert hergerichtet. — Aus dem eben Erzählten ergiebt sich, dass der bei der späteren Neupflasterung eingefügte Denkstein des Bischofs Jodocus nicht genau die Grabstätte desselben bezeichnet. Er ist in östlicher Richtung über dieselbe hinausgeschoben und enthält die Inschrift: Jodocus Epus. Wratisl. Obijt anno MCCCCLXVII. XV. Xbris hic sepultus[2]).

---
[1]) Abbildung auf Tafel 5.
[2]) Heyne III. 713. Klose, Von Breslau III. 1. 469. 495.

Jodocus von Rosenberg.
(Tafel 5)

Rudolf von Rüdesheim.
(Tafel 6.)

Rudolf von Rüdesheim (1468—1482).

Als päpstlicher Legat hatte er durch seine eifrige Gegnerschaft gegen König Georg Podiebrad den Breslauern sich beliebt gemacht und wurde vom Domkapitel, nachdem er dessen Privilegien bestätigt, von dem kleinen Bisthum Lavant in Kärnthen nach Breslau postulirt. Hier erlebte er den Sieg der von ihm vertretenen, dem Könige Georg feindlich gesinnten Partei und ging nun daran, die in den vorangegangenen Kämpfen seiner Kirche zugefügten Schäden zu heilen. Verpfändete Bisthumsgüter löste er ein; 1473 und 1475 entwickelte er auf Diöcesansynoden eine in kirchendisciplinarischer Hinsicht bedeutende Thätigkeit. Diese Synodalakten wurden durch den frühesten Breslauer Druck, den der Succentor, spätere Kanonikus Kaspar Elyan veranstaltete, veröffentlicht. Rudolf starb, fast 80 Jahre alt, den 17. Januar 1482 an einem Schlagflusse, als er im Begriffe stand, von Breslau nach Neisse zu reisen. Die Domherren trugen ihn auf ihren Schultern zu Grabe und bestatteten ihn in der Kathedrale an der Evangelienseite des Hochaltars neben dem Ciborium. Das Grab ist bezeichnet durch ein prächtiges Denkmal, welches aus zwölf kleineren Messingtafeln zusammengesetzt und in den Fussboden eingelassen ist. A. Schultz nimmt auch dieses Denkmal, aus den bei Bischof Peter Nowak entwickelten Gründen, für Jost Tauchen in Anspruch. Der Bischof ist im Pontifikalornate, unter einem gothischen Baldachin, auf einem Löwen stehend, dargestellt. An den Löwen angelehnt ist das Familienwappen: oben ein halber achtspitziger Stern in Blau, auf einem weissen Querbalken, unten eine Rose in Roth. Rechts davon steht der schlesische Fürstenadler mit der Binde, links das bischöfliche Lilienwappen. In Seitennischen stehen auf Konsolen unter kleineren Baldachinen die vier Bisthumspatrone Johannes Baptista, Johannes Evangelista, Vincentius Levita und Hedwigis. Die Umschrift enthält drei Distichen nebst dem Datum des Todes:

Missus ab urbe fuit legatus presul in istas
    Rudolphus terras, Renus eum genuit;
Ex lavantina clero accitus atque popello,
    Sed summis meritis accipit hic cathedram,
Actus ab adversis quam fauste rexerat et post
    Mortuus in Domino clauditur hoc tumulo.
1482 in die S. Antonii [1]).

---

[1]) Abbildung auf Tafel 6. Luchs, Schles. Fürstenbilder 4. Zaun, Rudolf von Rüdesheim. Frankfurt a. M. 1881.

Johann IV. Roth (1482—1506).

Aus Schwaben gebürtig, seit 1468 Bischof von Lavant, Domdechant von Breslau und von Rudolf zum Koadjutor ausersehen, wurde er auf Empfehlung des Königs Matthias zum Bischof gewählt. Er war classisch und juristisch gebildet, ein Förderer der Künste, und vor allem streng kirchlich. Das religiöse Leben suchte er besonders durch Abhaltung der Synoden von 1496 und 1497 zu heben. Er führte den gregorianischen Gesang unter Beseitigung der entarteten Kirchenmusik wieder ein. An Stelle des alten, aus Bindwerk bestehenden Bischofshofes zu Breslau führte er einen Neubau aus Stein auf. Er besass eine reiche Büchersammlung, die wahrscheinlich in die Dombibliothek überging und 1632 bei der schwedischen Invasion verwüstet wurde. 1483 und 1499 liess er das Breslauer Missale von Peter Schöffer zu Mainz, 1505 von Haller und Hyber zu Krakau, 1499 und 1501 das Brevier zu Venedig, 1499 das Rituale von Friedrich Dumbach zu Strassburg drucken. Im Uebrigen war seine Regierung durch heftige Kämpfe mit dem Domkapitel getrübt. Hochbejahrt ersah er sich den ungarischen Grafen und Breslauer Domdechanten Johannes Turzo zum Koadjutor. Er erlangte dafür die päpstliche Bestätigung, erregte aber den Widerspruch der schlesischen Fürsten. Diese wurden beruhigt durch den Kolowrat'schen Vertrag, nach welchem kein Ausländer, sondern nur aus den böhmischen Kronländern Gebürtige in Breslau zu Bischöfen gewählt werden sollten. Auf den vom Papste bereits bestätigten Turzo sollte sich jedoch diese Bestimmung nicht beziehen. Der kunstsinnige Bischof hatte sein Epitaphium schon zehn Jahre vor seinem Tode von dem berühmten Rothgiesser Peter Vischer in Nürnberg herstellen lassen. Als er am 21. Januar 1506 zu Neisse gestorben war, wurde sein Leichnam nach Breslau gebracht und in der Mitte des Kleinchors der Kathedrale, östlich von der Tumba des Bischofs Preczlaw bestattet. Das Grab ist bezeichnet durch einen Stein mit der Inschrift: Joannes IV. Epus. Vrat. Obiit 1506. In die südliche Kapellenmauer ist das 10 Fuss hohe und 7 Fuss breite Erzdenkmal eingelassen, „ein seltenes Meisterstück", „das schönste Bischofsdenkmal in Schlesien." Die Relieffigur des Bischofs in voller Pontifikaltracht, mit dem meisterhaft geformten, würdevollen Gesichte, steht in einer Kirche auf einem Löwen und hat zu den Füssen den schlesischen Fürstenadler, das Familien- und Bisthumswappen. Zu beiden Seiten stehen auf und unter Baldachinen je drei Figuren; zur Rechten des Bischofs Maria mit dem Kinde auf der Mondsichel, St. Johannes Evangelista und St. Georg; zur Linken: St. Johannes Baptista, St. Andreas und eine Bischofsfigur mit einer Leiter, nach Luchs St. Emmeran, der auf einer Leiter gemartert wurde, nach Knoblich[1] St. Nicolaus, der auf

---

[1] Schles. Kirchenbl. 1861, 244.

Johann IV. Roth.
(Tafel 7)

einer Leiter die Wohnungen der Bedürftigen erstieg und ihnen Geld durchs Fenster warf. Die erstere Deutung würde an Wahrscheinlichkeit gewinnen, wenn sich besondere Beziehungen des Bischofs Johann IV. zu Regensburg, wo St. Emmeran Patron ist, nachweisen liessen. Die nach dem Tode des Bischofs vollendete, um den Rand des Epitaphiums laufende, an den Ecken durch Vierpässe mit den Evangelistenattributen unterbrochene geschmackvolle Renaissance-Inschrift meldet das Datum des Todes und verkündet die Verdienste des Bischofs: Anno Domini MDVI. XXI. die mensis Januarii obiit Reverendus in Christo pater dominus Johannes episcopus Wratislaviensis magnus ecclesiae suae benefactor et aedificiorum veterum instaurator summus. Cui Deus misereatur. Auf dem unteren Rande, unter der Umschrift, bezeugt der Künstler seine Autorschaft mit den in gothischer Minuskelcursivschrift eigenhändig eingeritzten Worten: „gemacht zu Nurmberg fon mir peter Fischer im 1496 jar." [1]) Jedenfalls in unmittelbarer Nähe des Epitaphiums befand sich ehedem eine Tafel, deren Inschrift auf das Kunstwerk, sowie auf die Grabstätte des Bischofs bezugnahm und dessen Lob verkündigte: Fulva haec imago, quam vides, lector, Quarti Joannis est antistitis: saxo abditum corpus iacet latissimo inter chori subsellia. Annalibus vitam lege, hoc dicam tamen, quod nec negarint invidi: vir optimus, doctissimus, prudens, gravis, magno omnium luctu periit MDVI [2]).

---

[1]) Abbildung auf Tafel 7.
[2]) Luchs, Schles. Fürstenbilder 4a.

Johann V. Turzo (1506—1520).

In der Theologie und Philosophie auf das Beste unterrichtet, nahm er an den wissenschaftlichen Bestrebungen seiner Zeit den lebhaftesten Antheil und war ein Förderer der Künste und Wissenschaften. Als Bischof suchte er den Glanz des Kultus, die Kirchenzucht und das Schulwesen zu heben. Dieses Ziel verfolgte er besonders auf den Synoden von 1509, 1511, 1514 und 1517. Der Domkirche schenkte er ein werthvolles Reliquiarium für das Haupt des heil. Vincentius Lev. und andere Kostbarkeiten. Auf den Trümmern der alten Burg Jauernig erbaute er bis 1509 das Schloss Johannesberg, die gegenwärtige Sommerresidenz der Breslauer Fürstbischöfe. Zu dem Münzrechte, wie es seine Vorgänger bereits besassen, erwarb er noch das Recht, Goldmünzen zu prägen. Von den schlesischen Fürsten wurde er zum Oberlandeshauptmann von Schlesien gewählt. Er starb, 56 Jahr alt, zu Neisse am 2. August 1520 Vormittag 11 Uhr; denselben Tag Abends gegen 8 Uhr war sein Tod bereits dem Domkapitel in Breslau gemeldet. Seine Leiche wurde im feierlichen Aufzuge nach Breslau gebracht, und nachdem sie am 8. August bei ihrer Ausstellung in der bischöflichen Hauskapelle durch das Umfallen einer Wachskerze in die Gefahr zu verbrennen gekommen war [1]), in der von ihm gegründeten Johanneskapelle am östlichen Ende des Nordschiffes der Kathedrale, am 9. August beigesetzt. Das ursprüngliche Denkmal stand jedenfalls an der Wand, dem Altare gegenüber. Eine Abbildung desselben besitzt das Breslauer Staatsarchiv [2]); beschrieben ist es von Christian Ezechiel [3]). Der Bischof in Pontifikalkleidung, lebensgross in weissem Marmor ausgehauen, mit einem Todtenkopf zur Seite, ruhte, das Haupt auf die rechte Hand gestützt, unter einem von steinernen Säulen getragenen baldachinartigen Aufbau. Vor der Bischofsfigur war ein Gitter aus Eisendraht; hinter derselben theilte ein Schild die Wandfläche in zwei Abtheilungen, die mit Inschriften versehen waren. Rechts stand: Joanni Tursoni Wratislav. Episcop. et Provinciae Silesiae aliquamdiu Praefecto, Principi optimo, Religione et Pietate in Deum, Justitia in omnes singulari. Links: Doctrinae ipsi exquisitae et Doctorum, quos magna gratia et liberalitate prosequebatur, unico Patrono Stanisl. Turso Olomuc. Episcop. et Joh. Turso Plesnae Dom. Fratres Fratri chariss. ex Testam. moes. P. — Ueber dem Architrav erhoben sich zwei Archivolten mit Festons und zwei Tafeln, welche folgende Inschriften trugen: rechts:

    Hoc Turso tibi Pontifex Sacellum
    Janus condidit, Agnifer beate,
    In quo post obitum est situs. Meretur
    Si Coelum Pietasque et alma virtus,
    Obiit Nissae MDXX. II. Aug. aet. s. LVI.

---

[1]) Kastner, Archiv I, 3. [2]) E. 5. [3]) Monumenta et Inscriptiones Wratislav. Bresl. Stadtbibl. Handschr. 2798.

Johann V. Turzo.

(Tafel 8.)

links:
Si Musae, innocue et peracta vita
Si fecisse bonis benigne: tecum
Celsi nunc sacer incola ille Olympi
Coeli perfruitur bonis beati.
G. Logus[1]) S. F. 1537.

Diese Jahreszahl dürfte die Zeit angeben, da das Denkmal von den Brüdern des Verstorbenen, Stanislaus, Bischof von Olmütz und Johannes, Herr von Pless, gesetzt wurde. Der ganze Aufbau war gekrönt von vier schildhaltenden Figuren. — Von diesem Denkmal ist nur noch die, jetzt mit rothbrauner Oelfarbe angestrichene Bischofsfigur und der Schild mit dem Turzoschen Wappen vorhanden. Erstere ruht auf einer modernen Tumba aus Prieborner grauem Marmor unter dem Kapellenfenster, darüber hängt das Wappen[2]). Der Abbruch und die Transferirung des, wie es scheint, schadhaft gewordenen Epitaphiums ist wahrscheinlich geschehen, als der Prälatus Cancellarius des Domstifts Leopold Wilhelm von Tharoull († 7. Oktober 1706) in der Kapelle seine letzte Ruhestätte fand. Auf der Vorderseite der Tumba befindet sich eine Tafel mit folgender, der ursprünglichen nachgebildeten Inschrift: Joanni Tursoni, Wrat. episcopo, provinciae Silesiae aliquamdiu praefecto, princ. opt. religione et pietate in Deum, iustitia in omnes singulari, doctrinae ipsi exquisitae et doctorum, quos magna gratia et liberalitate prosequebatur, unico patrono, Stanis. Turso Olum. epūs. et Joann. Turso Plesnae Dom. fratres fratri chariss. ex tes. moes. p. Obiit Nissae MDXX. II. Aug. aet. LVI. Hoc sacellum condidit[3]).

---

[1]) Lateinischer Dichter, als Kanonikus 1553 in Breslau gestorben.
[2]) Abbildung auf Tafel 8.
[3]) Luchs, Schles. Fürstenbilder 5. 15. Otto, De Joanne V. Turzone. Vratislaviae 1865.

Jakob von Salza (1520—1539).

Als Landeshauptmann von Glogau fasste er plötzlich den Entschluss, in den geistlichen Stand zu treten. Er war Domscholasticus in Breslau, als er zum Bischof gewählt wurde. Die kirchliche Neuerung, die unter seinem Vorgänger begonnen, machte während seiner Regierung in Schlesien unaufhaltsame Fortschritte. Sein friedliebender Charakter wagte nicht den kühnen Kampf gegen dieselbe, sondern suchte vorsichtig zu vermitteln. Dies führte zu Konflikten mit der Majorität des Kapitels, welche energische Massregeln und Durchführung der strengen Mandate forderte, welche König Ferdinand gegen die Neuerer erlassen hatte. Bischof Jakob starb den 25. August 1539 am Schlage, im 58. Lebensjahre zu Neisse und wurde in der Pfarrkirche zu St. Jakob daselbst bestattet. Sein Hochgrab aus rothbraunem, gesprenkelten Marmor, welches ursprünglich wohl im Presbyterium stand, befindet sich jetzt neben der Sakristei. Die Relieffigur des Bischofs in Lebensgrösse liegt auf einer Tafel; die Seiten der Tumba sind geziert mit Brustbildern, unter denen am Fussende nochmals das Portrait des Bischofs ohne Amtstracht wiederkehrt. Darüber zeigt eine von Engeln gehaltene Tafel folgende Inschrift in lateinischen Majuskeln: Reverendiss. in Chro. Princeps et Dñs D. Jacobus a Salza Epūs Vratislavieñ. ɪc. Obiit año Dño MDXXXIX Die XXV. mensis Aug. Neben einem Seitenrelief stehen die Anfangsbuchstaben des Meisters, der das Epitaph geschaffen: K. J.[1])

---

[1]) Abbildung auf Tafel 9. Lutsch, Kunstdenkmäler des Regbez. Oppeln 89.

Jakob von Salza.
(Tafel 9.)

Balthasar von Promnitz.
(Tafel 10)

Balthasar von Promnitz (1539—1562).

Er stammte aus einem durch Alter und Reichthum angesehenen schlesischen Adelsgeschlechte. Bei der Wahl zum Bischofe war er Archidiakonus der Breslauer Kirche. Er vermied noch sorgfältiger als sein Vorgänger jeden Konflikt mit den Protestanten und machte es diesen leicht, selbst in der Bischofsstadt Neisse festen Fuss zu fassen. Gerühmt wird seine Freigebigkeit gegen die Kirche, gegen Arme und Verunglückte, getadelt aber sein weitgehender Nepotismus. Er starb, 74 Jahre alt, am Fieber den 20. Januar 1562 zu Neisse und wurde in der Pfarrkirche daselbst, in der von ihm ausgeschmückten Heilig-Geist- oder Haupt-Christi-Kapelle beigesetzt. Sein Epitaph ist aus polirtem, rothen Marmor. Das Haupt auf die Linke gestützt, ruht er in Lebensgrösse auf hoher Tumba unter einem auf niedrige Säulen gestützten Baldachin. In die Mauer, an welche das Denkmal sich anlehnt, sind zwei Tafeln mit lateinischer Majuskelschrift und folgendem Inhalt eingesetzt: Reverendissimus princeps et dominus dominus Balthasar, ex clarissima Promniciorum familia domus Lessendorf Glogoviensis ducatus, vir singularis ingenii, magni consilii et rarae eloquentiae, in rebus agendis strenuus et vigilantissimus, prudentia ornatissimus et labascentis religionis protector, concordiae et pacis amantissimus, flagrante bello intestino sub Carolo V. imperatore singulari industria patriam a seditione, inter ignobile vulgus iam gliscente, liberavit. Officio Capitaneatus a Caesare Ferdinando tum commisso principibus et haeroibus ob miram comitatem pergratus. In religiosos et pauperes liberalis, consanguineorum quoque haud immemor. Erga familiares benignus, subditorum parens et episcopatus huius adauctor, eligitur anno Domini MDXXXIX. die XVII. Sept. Fuit in gubernatione annos XXII. mens. IIII. dies III. Moritur placide, ingenti piorum omnium luctu, correptus febricula quartana Nissae XX. Januarii anno salutis HV: MDLXII[1]). — An dem Aufbau über dem Altare der Kapelle befindet sich folgende Inschrift: Reverendissimo Illustrissimo Principi ac Domino D. Balthasari Episcopo Wratislaviensi vigilantissimo, supremo per utramque Silesiam Capitaneo, Domino Plesnae, Soraviae, Tribeliae et ducatuum Saganensium Hypothecario etc. generosus Dominus D. Seygfridus de Promnitz liber baro in Plesna, Soravia, Tribelia et Heierswerda, Caesar. Maiestatis consiliarius et ducatuum Saganensium Hypothecarius, eius Celsitud. agnatus et haeres aeternae memoriae et gratitudinis ergo hoc alterum monumentum denuo posuit. Anno incarnati Christi MDXIIC.[2])

---

[1]) Abbildung auf Tafel 10.
[2]) Lutsch a. a. O. 91. Heyne III. 756.

Kaspar von Logau (1562—1574).

Er war Erzieher am kaiserlichen Hofe gewesen. Diesem Umstande sowie den Bemühungen seines Vaters, der Landeshauptmann von Jauer war, hatte er es zu verdanken, dass er von Wienerisch-Neustadt, wo er Bischof war, für Breslau postulirt wurde. Er genoss den Ruf grosser Gelehrsamkeit, ward aber von seinem Domkapitel der Lauheit in kirchlichen Angelegenheiten und übermässiger Nachgiebigkeit gegen seine Verwandten beschuldigt, die in Neisse thatsächlich die Herren waren. Auf Drängen des Kapitels gründete er 1571 ein Klerikalseminar in Breslau. Er kränkelte gegen Ende seines Lebens längere Zeit in Neisse an der Schwindsucht. Eine innere Unruhe trieb ihn nach Breslau, wo er am 4. Juni 1574 im fünfzigsten Lebensjahre starb. Er hatte bestimmt, dass er in Neisse bestattet werde. Da über die Art der feierlichen Ueberführung der Leiche zwischen dem Kapitel und der Breslauer Bürgerschaft Streit entstanden war, einigte man sich schliesslich dahin, dass die Leiche von der Domgeistlichkeit bis zum Sandthore begleitet und dann ohne alle Feierlichkeit durch die Stadt geführt werde[1]. In der Neisser Pfarrkirche wurde er in der St. Peter und Paulkapelle am 15. Juni beigesetzt, an demselben Tage, an welchem er zwölf Jahre vorher als Bischof seinen Einzug in Neisse gefeiert hatte. In der Kapelle befindet sich auch sein Grabmal, welches „zu den vollendetsten Werken deutscher Hochrenaissance" gehört. Der Verstorbene ruht in Lebensgrösse auf einer von zwei weit ausladenden Kragsteinen getragenen Platte neben einem niedrigen Sarkophage. An der Rückseite erhebt sich, die ganze Kapellenwand einnehmend, ein mannigfach gegliederter kunstvoll gearbeiteter, architektonisch schöner Aufbau[2]. Unter der Hängeplatte befindet sich eine grosse und eine von reicher Verzierung umfasste kleinere Tafel mit der Grabschrift. Dieselbe verkündet den Ruhm des Verstorbenen und die Stifter des Denkmals: Casparus a Logau, splendore generis, ingenii praestantia, belli pacisque artibus ab adolescentia inter aequales pueros regios nobilissimos semper conspicuus, omnium bonarum disciplinarum diversarumque linguarum scientiae cultor insignis, virtutis vero gloria domi forisque clarus, magno inclyti ac potentissimi regis Ferdinandi desiderio serenissimi archiducis Caroli filii charissimi praeceptor, dein antistes Neapoli Austriae designatus, mox Wratislaviensis episcopus rite postulatus, annos XII. ecclesiae et patriae, tam episcopali dignitate quam supremi per utramque Silesiam capitaneatus munere, singulari fide, prudentia ac pietate summaque cum laude feliciter praefuit. Vixit annos XLIX. menses X. diem I. Moritur placide magno piorum luctu et desiderio, viribus corporis morbi diuturnitate plane exhaustis, Vratislaviae IV. die mensis Junii anno reparatae salutis humanae MDLXXIV. Hic sepultus quiescit in spe resurrectionis et vitae sempiternae. Cui Matthias Schwidnicensis et Jauriensis praefectus, Georgius in Frid. et Kinsb., Henricus capitaneus provincialis in Bechaw, Gotthardus in Skotschow et Schwartzwasser fratres germani mutuae benevolentiae ergo hoc monumentum posuerunt.

Ad Philipp. III.

Expectamus Salvatorem Dominum nostrum Jesum Christum, qui reformabit corpus humilitatis nostrae configuratum corpori claritatis suae secundum operationem virtutis suae, qua etiam possit subiicere sibi omnia. Anno MDLXXIIII[3].

---
[1] Kastner, Archiv I. 113.   [2] Abbildung auf Tafel 11.   [3] Lutsch a. a. O. 91. Heyne III. 773.

Kaspar von Logau.

(Tafel 11.)

Martin von Gerstmann.
(Tafel 12)

Martin von Gerstmann (1574—1585).

Sein Vater war Bürgermeister in Bunzlau. Bei Kaiser Maximilian II. stand er in hohem Ansehen und war Erzieher der kaiserlichen Prinzen. Als Domdechant von Breslau wurde er zum Oberhirten der tief zerrütteten schlesischen Kirche erwählt. Obgleich mit den protestantischen Fürsten Schlesiens, namentlich mit Herzog Georg von Brieg, freundschaftlich verkehrend, war er doch mit Eifer auf die Erhaltung und Befestigung des Katholicismus bedacht. Um den Zustand und die Bedürfnisse der Diöcese kennen zu lernen, hielt er wieder Generalvisitationen ab; auf der Synode zu Neisse 1580 publicirte er mit einigen Einschränkungen, die sich auf die Disciplin bezogen, die Beschlüsse des Trienter Conzils. — Er war 58 Jahr alt, als er am 24. Mai 1585 zu Neisse starb. Am 3. Juni wurde er in der Pfarrkirche daselbst, in der Kapelle, die er mit einem Altarwerk aus Sandstein geziert hatte, beigesetzt. Unter dem Fenster befindet sich das von seinen Testamentsvollstreckern gesetzte Epitaph aus rothem Salzburger Marmor. Mittelpunkt desselben ist das in Lebensgrösse als Relief ausgeführte Halbbild des Bischofs. Darüber befindet sich die durch ein Sims getheilte Grabschrift. Ueber dem Sims steht:

De Romanorum imperatoribus et Bohemiae regibus, praecipue vero de ecclesia, capitulo suo et hac patria ob insignes foeliciter obitas legationes, quarum nomine magnam existimationem et laudem promeruit, liberalitatem denique non postremam, ac rebus in utroque foro agendis summam vigilantiam, industriam et dexteritatem optimo ac bene merito Principi Martino Gerstmanno, episcopo Wratislaviensi, supremo per utramque Silesiam capitaneo, capitulum et executores testamento designati gratitudinis ergo p[osuere][1].

Unter dem Sims:

Obiit 24. Mai anno MDLXXXV. Cuius animae Deus sit propitius[2]. — Auf dem von Bischof Martin Gerstmann in der Grabkapelle errichteten Altare sind folgende Inschriften: über dem Sims: Credo, quod Redemptor meus vivit. Job XX; unter dem Sims: Vere languores nostros tulit et dolores nostros portavit. Isai LVIII; weiter unten links: Altare hoc conser. anno Domini MDLXXXIIII; unten rechts: In honorem Dei optimi maximi S. Joann. Bapt. et Martini Epi. An der Evangelienseite des Altars ist der Bischof in Pontifikalkleidung dargestellt, an der Epistelseite befindet sich sein Wappen[3].

---

[1] Es fehlt das Object. [2] Abbildung auf Tafel 12.
[3] Lutsch a. a. O. 92. Heyne III. 794.

Andreas von Jerin (1585—1596).

In der schwäbischen Stadt Reutlingen geboren, zu Rom im deutschen Kolleg gebildet, vom Papste zum Domherrn in Breslau ernannt, zeigte er sich in den verschiedensten Aemtern ebenso eifrig als geschickt. 1585 einstimmig zum Bischof gewählt, erwies er sich nicht nur als Förderer des kirchlichen Lebens, sondern auch der Künste und Wissenschaften. Seine Kathedrale zierte er mit dem noch vorhandenen silbernen Hochaltare. Die Schulen in Neisse brachte er zu grosser Blüthe. Seinen Eifer zur Hebung der Kirchenzucht zeigte er auf der Synode von 1592. Dem Kaiser leistete er als gewandter Legat wiederholt wichtige Dienste. Von der letzten Gesandtschaftsreise, die er nach Krakau unternommen hatte, kehrte er krank zurück und starb zu Neisse den 5. November 1596 im Alter von 56 Jahren [1]). Er hatte testamentarisch bestimmt, dass er in seiner Kathedrale bestattet werde. Sein Leichnam wurde deshalb nach Breslau überführt und im Bischofshofe ausgestellt, wo die Vikare Tag und Nacht das Todtenofficium beteten. Am 25. November trugen 16 Vikare der Dom- und Kreuzkirche, in Albe und Stola und das Humerale über dem Kopfe, die bischöfliche Leiche in Prozession um die Kathedrale und dann zum Grabe [2]), welches an der Stelle bereitet war, wo jetzt der bischöfliche Thron steht. Die Stelle ist durch einen Stein mit folgender Inschrift bezeichnet: Sub hoc saxo conditus est reverendissimus et illustrissimus princeps ac dominus dominus Andreas Jerinus, episcopus Wratislaviensis, sacrae Caesareae Maiestatis consiliarius et supremus per utramque Silesiam capitaneus annis XI. aetatis suae LVI. O. anno salutis MDXCVI. Sein Epitaphium, welches ursprünglich an Stelle des bischöflichen Thrones gestanden, befindet sich jetzt unweit des Grabes gegenüber der Evangelienseite des Hochaltars an der Wand. Es ist ein reicher, kunstvoller Architekturaufbau, dessen Mittelpunkt die aus rothem Marmor gearbeitete schöne Flachbüste des Bischofs bildet. Unter derselben befinden sich zwei geschmackvoll eingefügte Inschrifttafeln [3]). Die grössere hat folgenden Inhalt: Memoriae Rever^{mi} atque Ill^{mi} Principis Domini Dñi Andreae Jerini Episcopi Wratislaviensis et supremi per utramque Silesiam Capitanei. Qui honesto apud suos loco natus eruditione virtute ac pietate tantum enituit, ut per omnes honorum gradus ad summum hoc Pontificiae atque Principalis dignitatis fastigium erectus sit. In quo utroque recte tuendo et conscientiae et Magistratui suo et collegio fratrum et Provinciae praeclare satis fecit. A Caesare ob rem Domi et in Legationibus amplissimis bene gestam saepe laudatus, a Fratribus

---
[1]) Ueber seinen erbaulichen Tod berichtet ein Protokoll des Neisser Kollegiatstifts. Kastner. Archiv I. 137.
[2]) Todtenmatrikel der Dompfarrei.
[3]) Abbildung auf Tafel 13.

Andreas von Jerin.
(Tafel 13.)

Capitularibus ob Ecclesiam sancte administratam, auctam, ornatam, facultate testandi donatus. A Provincia tota ob egregias animi virtutes amatus et cultus. Auf der kleineren Tafel steht: Vixit annos LVI. Rexit Ecclesiam hanc et universam Provinciam annos XI. menses IV. et dies II. Obiit Nyssae die V. Novemb. Anno Salutis MDXCVI[1]).

Bonaventura Hahn, aus Gross-Glogau gebürtig und Kanonikus der Kathedrale, wurde gegen den Willen des Kaisers zum Bischof gewählt; es gelang ihm nicht, die päpstliche Bestätigung zu erlangen. Er starb den 29. Juni 1602 zu Olmütz.

---

[1]) Lutsch a. a. O. Breslau 165. Heyne III. 800. Erdmann a. a. O. 33.

Paul Albert,

aus Schwaben stammend, Domscholastikus zu Breslau, wurde auf Wunsch des Kaisers 1599 gewählt, starb aber vor seiner Konsekration am Schlage den 6. Mai 1600 zu Neisse und wurde am 25. Mai in der Pfarrkirche daselbst neben dem Grabe des Bischofs Kaspar von Logau beigesetzt.

Johann VI. (1600—1608).

Als Spross der alten schlesischen Adelsfamilie von Sitsch wurde er 1552 zu Stübendorf geboren, widmete sich nach Absolvirung der juristischen Studien dem geistlichen Stande und war Domprost, als er am 18. Juli 1600 einstimmig zum Bischof gewählt wurde. Er suchte mit strengeren Massregeln, als seine Vorgänger sie angewandt hatten, dem Protestantismus, zunächst im Neisse-Grottkauer Bisthumsterritorium, entgegenzutreten. Nachhaltige Erfolge zu erzielen, hinderte ihn sein früher Tod. Er starb, 56 Jahr alt, an der Schwindsucht den 25. April 1608 zu Neisse und fand in der Pfarrkirche daselbst, in der von ihm restaurirten St. Heinrichskapelle seine letzte Ruhestätte. Dort erhebt sich auch sein prächtiges Grabmal aus weissgelbem Sandstein. Der Verstorbene ruht überlebensgross in Pontifikalkleidung, das Haupt auf die Linke gestützt, auf einer Art von Sarkophag. Dahinter baut sich eine hohe, mannigfach gegliederte, kunstvolle Wandarchitektur auf. Das Epitaph ist geschmückt mit den plastischen Darstellungen der Bisthumspatrone St. Johannes Baptista und Evangelista, Vincentius Levita und Hedwigis[1]). Unter dem Sarkophage ist eine Rechtecktafel mit folgender Inschrift:

D. O. M.

Boni cuiusque iudicio, pietate praestanti, nobilitate excellenti, moribus integro, consilio recto, in senatu gravi, domi circumspecto, ubique venerando, Illustrissimo ac R^{mo} principi domino, domino Joanni Sitschio a Stübendorf, libere electo episcopo Vratislavien., integerrimo superioris et inferioris Siles. Capitaneo supremo, fidelissimo Sac. Caes. Mtis. consiliario bene de ecclesia, capitulo et patria merito, a summis pontificibus Sixto V. et Clemente VIII. beneficiis aucto, a caesaribus, regibus et summis principibus ornato et laudato, domi et foris clarissimo, haeredes, nepotes et exccutores, patri patriae longiori vita digno non sine lachrymis posuerunt, cum vixisset annos LV. menses VIII. dies VII., ecclesiam pacifice et universam patriam hanc rexisset annos VII. menses II. et dies III.[2]).

---

[1]) Abbildung auf Tafel 14.
[2]) Lutsch a. a. O. IV. (Oppeln) 95. Heyne III, 808. Kastner, Archiv III, XXI.

Johann VI.
(Tafel 14.)

Karl Ferdinand (1625—1655).

Königlicher Prinz von Polen und von seinem Oheim, dem Bischof Erzherzog Karl schon als Koadjutor angenommen, wurde er am 3. Mai 1625 auf den Wunsch des Kaisers zum Nachfolger desselben postulirt, obgleich er erst zwölf Jahre alt war. 1640 erhielt er noch das Bisthum Plock. Obgleich im Besitze zweier Bisthümer, hat er doch nie eine höhere Weihe empfangen. Während der dreissig Jahre seiner bischöflichen Regierung kam er nur viermal und jedesmal auf kurze Zeit nach Schlesien, obgleich die Stürme des dreissigjährigen Krieges, die das Bisthum verwüsteten, die Gegenwart eines thatkräftigen Bischofs dringend erheischten. Doch setzten die Administratoren, die seine Stelle vertraten, namentlich Weihbischof Liesch von Hornau in Neisse und Archidiakonus Gebauer in Breslau, die vom Bischof Erzherzog Karl begonnene Rekatholisirung mit Erfolg fort. 1653 fand zu Neisse eine Diöcesansynode statt, auf welcher auch über die grossen Kirchenreductionen berathen wurde, die auf Grund der westfälischen Friedenstraktate 1653 und 1654 in den schlesichen Erbfürstenthümern durchgeführt wurden. Karl Ferdinand starb im 42. Lebensjahre am 9. Mai 1655 zu Wischkow in Polen und wurde zu Warschau in der Kirche der Jesuiten begraben. Sein Bruder, König Johann Kasimir, errichtete ihm in der Psalteristenkapelle der Krakauer Kathedrale ein Kenotaphium, dessen Inschrift in überschwenglichen Worten sein Lob verkündet: Carolus Ferdinandus, Sigismundi III. ex Constantia Austriaca filius, in quo ultra regium sanguinem parem infulis et sceptro virtutem sacrociviles domi forisque tituli ex aequo prensarunt. Sacris illi quidem, steriliscente fraterno solio, constans in patriam amor interdixit: at non sanctimoniâ et geminâ prope cognomini Borromaeo pietate, quam cum non satis diu spectare licuit Poloniae, libet etiam nunc lugere. Moritur Viscovii anno aetatis XLII. Christi MDCLV. Septimo Idus Maias. Joannes Cas. Rex, unicus e regia domo superstes, desideratiss. fratri iam olim Varsoviae sepulto hic et ipse demum immortalibus adlectus regale istud Mnemosynon condidit, in illo supremae morientis voluntati, in hoc mori nescio in fratrem studio obsecutus. Quantum in res humanas fortuna, quantum in fortuna[m] possit virtus, Unus suo exemplo [1]).

---

[1]) Kastner, Neisse II, 473. Heyne III, 873.

Leopold Wilhelm (1656—1662),

Erzherzog von Oesterreich, Sohn des Kaisers Ferdinand II., war bereits Bischof von Strassburg, Passau, Halberstadt, Olmütz und Hochmeister des deutschen Ordens, als er zum Bischof von Breslau postulirt wurde. Er hat nie eine höhere Weihe empfangen. Im dreissigjährigen Kriege war er einer der ausgezeichnetsten Feldherren im kaiserlichen Heere. Er starb, 48 Jahre alt, den 20. November 1662 zu Wien und wurde daselbst in der Kaisergruft bei den Kapuzinern beigesetzt. Sein Sarkophag steht im Mittelgange der alten Gruft und trägt die Nummer 11. — Unmittelbar neben ihm fand die letzte Ruhestätte (Nr. 12) sein Neffe und Nachfolger

Karl Joseph (1663—1664),

der am 23. Februar 1663 als dreizehnjähriger Prinz zum Bischof von Breslau postulirt wurde und am 27. Januar 1664 in Wien starb.

Sebastian von Rostock (1664—1671).

Sein Geburtsort ist Grottkau, wo er am 24. August 1607 als Kind einer armen Handwerkerfamilie geboren wurde. Er begann seine Studien im Neisser Mendikanten-Institute und vollendete sie mit Erlangung des theologischen Doctorats auf der Universität in Olmütz. Als Pfarrer von Neisse wurde er von den Schweden gefangen nach Stettin geführt und mit dem Tode bedroht. Als Archidiakonus zierte er mehrere Jahre die Kanzel der Breslauer Kathedrale. Als bischöflicher Official war er die Seele der Arbeiten, die nach dem dreissigjährigen Kriege zur Reorganisirung der Diöcese unternommen wurden. Diese Arbeiten setzte er, nachdem er Bischof geworden, mit ungeschwächtem Eifer fort, bis am 9. Juni 1671 ein plötzlicher Tod infolge eines Schlagflusses ihn ereilte. Er starb, 63 Jahre alt, zu Breslau im Oberamtshause am Salzringe, der jetzigen alten Börse, wo er als Ober-Landeshauptmann wohnte. Der Leiche wurde in dem hölzernen Sarge eine Pergamentschrift beigelegt, die über die Person des Todten Auskunft gab: Hoc corpus exanime animatum fuit et multifariis gratiis divinis, dotibus naturae singularibus et virtutibus primario notandis exornatum, quod vivum repraesentavit R^{mum} et Cel^{mum} Principem ac D. D. Sebastianum Episcopum Wratislaviensem, Principem Ligium, S. C. Regiaeque Maiestatis Consiliarium et Supremae Regiae Curiae Praefecturae superioris et inferioris Silesiae administratorem, pie in Dño obdormivit anno aetatis suae 63 et 9 mensium, Episcopatus cura sollicita gubernandi septimo et duobus mensibus, 9na Junii tertio ad octavam quadrante temporis matutini, anno vero salutis reparatae 1671. Am 11. Juni wurde zwischen 8 und 9 Uhr Abends die bischöfliche Leiche in feierlichem Zuge, von 48 Fackelträgern begleitet, nach dem Dome überführt und im mittleren Planum des Presbyteriums mitten vor dem Hochaltare beigesetzt. Im Sommer 1673 wurde die Gruft geöffnet und der Leichnam in einen neuen Zinnsarg gelegt. Das Grab wurde nun mit einer Messingplatte geschlossen, welche folgende Inschrift trägt:

Sebastianus
D. G.
Episcopus Vratislaviensis
Sacrae Caesariae Regiaeque Maiestatis
Consiliarius et per Ducatum utriusque Silesiae
Regius Administrator etc.
Vratislaviae in Urbe IX. Junii A. MDCLXXI Mortuus
Deo vivat et hoc in loco sepultus
Requiescat.

Darunter befindet sich das Rostocksche Wappen. Als 1853 unmittelbar daneben für den Fürstbischof Kardinal Melchior von Diepenbrock die Grabstätte bereitet wurde, stiess man auf die

Sebastian von Rostock.
(Tafel 15.)

Sebastian von Rostock (1664—1671).

Südmauer der Rostockschen Gruft, schlug eine Oeffnung und leuchtete mit einer Fackel hinein; der Sarg stand noch unverletzt da. Da am Rostockschen Grabe selbst, wegen seiner Lage vor dem Hochaltare, ein Epitaphium nicht aufgestellt werden konnte, so wurde für dasselbe der Platz im südlichen Seitenschiffe zwischen der Sakristei und der späteren St. Elisabethkapelle gewählt. Mit der Herstellung wurde im Herbste 1672 begonnen. Das Monument wurde im Barockstyl ganz aus Priborner Marmor gearbeitet, in einer besonderen Bauhütte, in welcher mehrere Bildhauer unter einem „welschen Steinmetzen aus Priborn" thätig waren. Die sämmtlichen Kosten für Ausführung und Aufstellung betrugen 885 Gulden 27 Kreuzer. Ursprünglich umgab ein vergoldetes Eisengitter das Denkmal. Mittelpunkt des hohen und reichen Aufbaues ist eine Nische; in dieser steht auf einem Hügel, auf den Namen des Bischofs hindeutend, ein vielverzweigter Rosenstock, dessen Rosen zum Theil abgefallen, zerstreut umherliegen. Aus dem Rosenstock wächst die Büste des verstorbenen Bischofs hervor[1]). Sowohl der Unterbau des Denkmals als der giebelartige Aufsatz tragen Tafeln mit Inschriften. Die obere lautet:

Sta viator!
Hic summam quam potuit in patria metam
mortalis posuit felicitas.
Surrexit non sanguine sed virtute et sapientia
ab imis ad summa, a centro ad apicem felicitatis,
stetit impavidus pro Deo, fortis pro fide,
animosus pro Caesare.
Sedit pro pietate Episcopus in Ecclesia,
pro Patria princeps in Silesia,
pro iustitia supremus in curia administrator.
Occubuit maturus aevo maturior meritis,
finemque vitae non gloriae fecit,
religionis, patriae, fratrum et pauperum
amabilis pater
Sebastianus
Cui ne citra felicitatis omen nono die Junii
inimica mors occurreret:
gemini martyres Divi Primus et Felicianus[2])
Sebastiano Primo
ianuam aperuerunt ad inmortalitatem.

Die untere Inschrift hat folgenden Wortlaut:

Primogenitus in Julimontana Universitate Theologiae Doctor, Nissae multis annis vigilans et zelosus animarum pastor, Eccliae Cathed: et Collegiatae ad S. Crucem Wrat: Canonicus, Archidiaconus, et quem in Spiritualib. Sermus Carolus Ferdinandus constituit, Vicarius Generalis, sub Sermo Archiduce Leopoldo Guilielmo Episcopatus administrator, a Sermo Carolo Josepho

---
1) Abbildung auf Tafel 15.
2) Am 9. Juni, dem Todestage des Bischofs, feiert die Kirche das Fest dieser beiden Heiligen.

postulatus a SSmo Patre Alexandro VII. Confirmatus Episcopatus in Spiritualibus et Temporalibus coadministrator, Episcopus Wrat: Princeps Silesiae et supremus provinciae Administrator, anno Chr. MDCLXXI. aetatis suae LXIV. ingressus in abundantia sepulchrum prope Cathedram Episcopalem, quam praeter alias laudabiles fabricas tam Eccliae quam Episcopatus honorificas et proficuas aere proprio extruxit, in pace in idipsum dormit et requiescit[1]).

Im Jahre 1674 setzte der Domkustos Prälat Heymann, der den Bischof Sebastian bei dessen Lebzeiten heftig angegriffen hatte, in der Neisser Pfarrkirche an dem ersten nördlichen Pfeiler vor dem Presbyterium zur Sühne eine Denktafel aus Marmor mit dem lebenswahren Profilbilde des Verstorbenen in Flachrelief[2]) und einer vom Domkapitel gutgeheissenen Inschrift:

Hoc monumentum A. MDCLXXIV.
Reverendissimi et Celsissimi Principis Sebastiani
Episcopi Vratislaviensis et supremi Capitaneatus per utramque
Silesiam Administratoris.
Qui
Grotgovia oriundus per virtutum tramites ad altiora evectus
Parochus Nissensis factus, abinde propter fidem Augustissimo Caesari iuratam a Suedico milite captus, postea
Archidiaconus Cathedraticus promotus utramque Silesiam ad orthodoxam fidem per reformationem cum periculo vitae peractam perduxit,
atque ideo Serenissimorum Archiducum
Leopoldi Guilielmi, et Caroli Josephi
Episcoporum Vratislaviensum Administrator Plenipotentiarius
declaratus, tandem cum applausu universali Episcopus electus Symbolum
gerens: Secura mens iuge convivium, omnem vitae suae rationem pro Deo,
Ecclesia et Caesare dirigens in conscientia recte factorum,
ultimam diem clausit Vratislaviae die nona Junii Ao. MDCLXXI
posuit
debitae gratitudinis ergo, ab alte memorato Principe
praesidio excelsi Nissensis Regiminis honoratus, et
praelatura Custodiae Cathedralis donatus
Joannes Henricus Heyman de Rosenthal.
Casparus Henricus Liber Baro de Rosenthal haeres perfecit[3]).

---

[1]) Nach Psalm IV, 9. [2]) Abbildung auf Tafel 16.
[3]) Lutsch, a. a. O. IV. (Oppeln) 97. Jungnitz, Seb. v. Rostock 202. 204.

Sebastian von Rostock.
(Tafel 16.)

Friedrich, Landgraf von Hessen.
(Tafel 17.)

Friedrich, Landgraf von Hessen (1671--1682).

1616 zu Homburg geboren und im protestantischen Bekenntnisse erzogen, war er auf einer Reise in Rom katholisch geworden. Er wurde Grossprior des Malteserordens, Kardinal und Breslauer Domdechant. Als Bischof von Breslau trat er in die Fussstapfen seines Vorgängers und fuhr·fort, die Diöcese zu organisiren und begann die Kirchenreduction auch in den nach dem Tode des letzten Piasten 1675 an den Kaiser heimgefallenen Fürstenthümern Brieg, Liegnitz, Wohlau. Kardinal Friedrich verschönerte seine Kathedrale und erhöhte die Fcier des Gottesdienstes. 1677 veranlasste er das Domkapitel, die rothe Chorkappe und violette Almutia mit der rothen Mozetta zu vertauschen. 1680 legte er den Grundstein zu der herrlichen Kapelle, die er zu Ehren seiner Ahnfrau, der hl. Elisabeth von Thüringen, an die Domkirche anbaute und zu seiner letzten Ruhestätte bestimmte. Er starb, 66 Jahr alt, nach längerem Siechthume im Oberamtshause zu Breslau am 19. Februar 1682 kurz nach Mitternacht. Am 26. Februar, in der achten Abendstunde, wurde sein Leichnam im offenen Sarge mit grossem Pompe bei Fackelschein nach dem Dome überführt und am andern Tage, nach den feierlichen Exequien, in der St. Elisabethkapelle beigesetzt. Die Ruhestätte des Kardinals ist dem Altare gegenüber an der Nordwand der Kapelle, bezeichnet durch ein prachtvolles Marmordenkmal. Auf einem hohen, mit einer Urne abschliessenden Unterbau, an welchem eine schwarze metallene Inschrifttafel mit vergoldeten Buchstaben sich befindet, sitzen zwei Engel, welche Kardinalshut und Birett halten. Zwischen ihnen ist ein von zwei Löwen gehaltenes und von einem gekrönten Todtenkopf überragtes Medaillon angebracht, welches eine symbolische Darstellung der Religion und den Wahlspruch des Kardinals als Umschrift zeigt: Pro Deo et Ecclesia. Das Ganze bildet das Postament für die lebensgrosse von Dominico Guidi in Rom aus weissem Marmor gearbeitete Statue des Kardinals, der die gefalteten Hände erhebend auf einem Kissen kniet. Den Hintergrund bildet eine muschelförmige vergoldete Nische, über welcher das Wappen des Kardinals angebracht ist. Ueber dem Haupte desselben hängt der wirkliche Kardinalshut. Zu beiden Seiten des Unterbaues stehen zwei symbolische Figuren, die Wahrheit und Ewigkeit darstellend[1]). Die Inschrift des Monuments lautet:

D. O. M.

Magnae memoriae Friderici S. R. Ecclesiae Cardinalis, Sac. Rom. Imperii Principis, Landgravii Hassiae, Genere, Sago, Toga Serenissimi, Caesaris Leopoldi olim Romae oratoris, Germaniae, Arragoniae, Sardiniae Protectoris, Magni per Germaniam Ordinis Hierosolymitani Magistri, Wratislaviae Episcopi, utriusque Silesiae supremi Capitanei, qui impleto inclyta Sui

---

[1]) Abbildung auf Tafel 17.

fama orbe inter regiae fortunae decora augustae Naturae dotibus abundavit. Rara exempli felicitate nata cum ipso virtus notam Pontificum, Caesarum, Regum gratiam invenit citius quam quaesivit. Ita grandium Capitum munera, maximae virtutis superabat dono, pietate Deum, decore Ecclesiam, zelo religionem, institia imperium observare pars erat Cardinalis sapientiae: Cleri disciplinae Episcopatus incrementum iungere, Pastoralis Vigilantiae. Hac iacta Gloriae Christianae base Basilicam admirabili huius Capellae mole, Divae Elisabethae Gentili suae liberali, pia impensa funditus extructae auxit, ornavit. Hoc tamen egregie assequutus: ut cordibus magis quam lapidibus aeternam Sui memoriam crederet. Si merita diu, si spectas lustra, parum vixit, dum desiit vivere XIX. Febr. anno MDCLXXXII. aetatis suae LXV. annos XI. mens. XI. dies [1]).

. Das Herz des Kardinals Friedrich wurde in ein Blechkästchen eingeschlossen und in einer hölzernen Kiste am 24. Februar 1682 von einem Boten nach Neisse gebracht. Bei den feierlichen Exequien am 4. März stand es mit einem schwarzen Schleier verhüllt auf der Tumba; dann wurde es im Presbyterium der Pfarrkirche rechts am Cancell in einem Mauervorsprunge hinter einer Steinplatte beigesetzt, welche die Inschrift trägt: Seren. et Eminen. Principis ac Domini Domini Friderici S. R. E. Cardinalis, Landgravii Hassiae, Episcopi Vratislavien: Cor hic reconditum est: qui in Domino obiit Vratisl. XIX. Febr. A. MDCLXXXII [2]).

[1]) Buchmann, Friedrich, Landgraf von Hessen-Darmstadt, Breslau 1883, 97, 107. Erdmann a. a. O.
[2]) Kastner, Pfarrkirche zu St. Jakob 75.

Franz Ludwig, Pfalzgraf bei Rhein.
(Tafel 18.)

Franz Ludwig, Pfalzgraf bei Rhein (1683—1732).

Nach dem Tode des Cardinals Friedrich postulirte das Kapitel den Bischof von Olmütz, Graf Liechtenstein. Dieser Wahl widersetzte sich der Kaiser, der den Pfalzgrafen Wolfgang, aus dem Hause Neuburg, gewählt wünschte. Da dieser bald starb, erhielt sein Bruder Franz Ludwig das Bisthum. Der neue Bischof war kaum 19 Jahre alt; er regierte fast 49 Jahre, hat aber nie eine höhere Weihe empfangen. Er war zugleich Bischof von Worms, Grossmeister des Deutschordens, Propst von Ellwangen und Kurfürst von Trier; auf Trier verzichtete er, als er 1729 das Erzbisthum Mainz erhielt. Er trennte die geistliche Verwaltung von der Justiz und bestimmte in der pragmatischen Sanction vom 26. Oktober 1699 den Geschäftskreis für das Generalvikariatamt und das Konsistorium. Während seiner Regierung entstanden zu Breslau die Klöster der Ursulinerinnen (1687) und der Barmherzigen Brüder (1711). 1720 gründete er das Orphanotropheum für adlige und das Hospital zur schmerzhaften Mutter für bürgerliche Waisen, 1724 das Alumnat zur Heranbildung des Klerus. Für die durch den Altranstädter Vertrag 1707 in den Fürstenthümern Liegnitz-Brieg-Wohlau dem Katholizismus verloren gegangenen Kirchen schuf er einen Ersatz in den sogenannten Josephinischen Kuratien. Er starb zu Breslau am 18. April 1732 gegen Mitternacht im Alter von 68 Jahren. Seine Leiche wurde im Bischofshofe ausgestellt[1]. Am 21. April in der siebenten Abendstunde wurde er in der Domkirche zunächst in der Gruft am nördlichen Portale beigesetzt, am 6. August 1733 aber wieder erhoben und in die von ihm gebaute kurfürstliche Kapelle übertragen. Dort ist der Thüre gegenüber in der Mitte die Gruft bereitet. Der zinnerne Sarg ruht auf einem eisernen Roste. Die Stelle ist im Marmorpflaster durch die Buchstaben und Worte bezeichnet: H. J. P. F. L. C. P.

Orate pro eo.

Jene Buchstaben deuten diese Worte an: Hic Jacet Peccator Franciscus Ludovicus Comes Palatinus. Er hatte selbst bestimmt, dass er in der Grabschrift als Peccator bezeichnet werde. An der nahen, dem Altare gegenüberliegenden Wand ist das mächtige Monument errichtet. Auf einem Sockel aus schlesischem Marmor erhebt sich ein Würfel aus buntem Salzburger Marmor, an welchem sich eine grosse, schwarze Marmorplatte mit einer Inschrift befindet. Darüber zwischen zwei Pilastern ist das in Oel gemalte Porträt des Verstorbenen angebracht. Auf dem das Denkmal oben abschliessenden Fronton ruhen zwei, aus weissem Tyroler Marmor gearbeitete Figuren, das alte und neue Testament darstellend[2]. Die Inschrift lautet: Deo ter Optimo Maximo

---

[1] Kolorirte Abbildungen, die ihn auf dem Paradebette liegend darstellen, sind noch im Archive der kurfürstlichen Kapelle vorhanden.

[2] Abbildung auf Tafel 18.

vivo et vero, qui olim patres nostros post Adae lapsum pacto foedere reconciliatos in figura veteris testamenti coelesti manna cibatos, per huius mundi desertum peregrinari fecit, nunc per mortem unigeniti Filii Sui D. N. Jesu Christi filios adoptionis novae legis et verae fidei luce illustratos, in terram promissionis eduxit, et SS. Corpore et Sanguine Suo cibatos, ad aeternae vitae gaudia destinavit. Deo Sancto, Deo Forti, Deo Immortali Franciscus Ludovicus ex Trevirensi, S. Sedis Moguntinae Archiepiscopus, S. R. I. per Germ. Canc. et Elector, Gen. Militiae Hierosol. Ord. B. M. Teuton. Prussiae Administ. ac per Germ., Ital., partesque Transmar. Supr. Mag., Episcopus Wormat. et Wratislaviensis, Praepositus Elvac., Comes Palat. Rhen., Dux Bavar. Jul. Cliv. et Montium, Princ. Moersae, Comes Veldent., Sponh. March. et Ravensb., Dom. in Ravenst., Freud. et Eul., quondam S. C. et R. M. per utr. Siles. supr. Capitan., Sanctuarium hoc pietatis et devotionis suae monumentum extruxit et fundavit in eaque cineres suos recondi iussit, quem dum Cathedralis haec Ecclesia ill. Episcopum per annos prope 50 dignissimum et optimum S. Rom. Imp. insigne decus, bis Electorem et ter Principem, Silesia Ducem et patriae patrem, mortuum veneratur et luget magnifica illa, quae vivens post se reliquit monumenta, Wratislaviense orphanotropheum, Nissense xenodochium, residentiae Wormatiensis et Elvacensis, tanta in ord. equest. Teuto. protusa beneficia, tot aedificia publica et privata, ipsi lapides et saxa semper vivum loquentur. Tu viator tanto Antistiti anno MDCLXIV. die XXIV. Julii nato, anno MDCCXXXII. XVIII. Aprilis denato, requiem aeternam precare[1]).

---

[1]) Erdmann a. a. O. 97. Acta Capituli. Todtenmatrikel der Dompfarrei.

Philipp Graf Sinzendorf (1732—1747).

Sein Vater war Oberhofkanzler in Wien; der hohen Protektion, deren er sich erfreute, hatte er es zu verdanken, dass er 1725, erst 26 Jahre alt, Bischof von Raab, 1728 Kardinal wurde und 1732 das Bisthum Breslau erhielt. Während seiner Regierung kam der grösste Theil der Diözese unter preussische Herrschaft. Der Plan des Königs, ein „katholisches Vikariat" in Berlin als oberste geistliche Behörde für die Katholiken in Preussen einzurichten, scheiterte an dem Widerstande des apostolischen Stuhles. Der Bischof suchte der peinlichen Lage, in die er häufig der neuen Regierung gegenüber gerieth, zu entgehen, indem er sich um das erledigte Erzbisthum Salzburg bewarb. Diese Bemühungen waren indess vergeblich. Am 23. September 1747 kehrte er krank aus Salzburg nach Breslau zurück und starb in der achten Morgenstunde des 28. September, im Alter von 48 Jahren. Da der Leichnam schnell in Verwesung überging, musste er schon am 30. September beerdigt werden. In der siebenten Abendstunde wurde er vom Bischofshofe von zwölf Vikaren und Lieschianern unter grossem Trauergeleite nach der Domkirche übertragen und im mittleren Planum des Presbyteriums gegenüber dem bischöflichen Throne unmittelbar an der Südwand bestattet. Sein Grab blieb unbezeichnet; es wurde theilweise zerstört, als 1853 für Kardinal Melchior von Diepenbrock die Gruft hergestellt wurde [1]).

---

[1]) Acta Capituli. Todtenmatrikel der Dompfarrei.

Philipp Gothard Fürst Schaffgotsch (1748–1795).

Aus altberühmtem schlesischen Adelsgeschlechte stammend, wurde er am 3. Juli 1716 zu Warmbrunn geboren. Durch die königliche Vermittlung Friedrichs II. gelangte er zu reichen Pfründen, zur Koadjutorwürde und schliesslich auf den Bischofsstuhl. So verdächtig ihn dies den streng kirchlichen Kreisen machte, so erfüllte er doch mit Eifer seine bischöflichen Pflichten. Nachdem er während des siebenjährigen Krieges bei dem Könige in Ungnade gefallen und auch nach dem Friedensschlusse nicht vollständig rehabilitirt worden, entzog er sich 1766 der über ihn verhängten Internirung in Oppeln durch die Flucht nach Oesterreich, worauf der König ihm jeden Antheil an der Verwaltung der Diöcese, soweit dieselbe auf preussischem Gebiete lag, abschnitt. Hier fungirten als apostolische Vikare die Weihbischöfe Moritz von Strachwitz 1769—1781 und Anton Ferdinand von Rothkirch 1781–1795. Fürstbischof Schaffgotsch starb auf Schloss Johannesberg, im Alter von 78 Jahren, am 5. Januar 1795. Schon im Jahre 1789 hatte er die Bestimmung niedergeschrieben, dass sein Leichnam mit schon abgenützten Pontifikalgewändern bekleidet und „alsogleich in einen ordinären hölzernen, unbeschlagenen Sarg gelegt" und auf denselben folgende Inschrift gesetzt werden solle: In hoc tumulo quiescit corpus Philippi Gotthardi Episcopi Wratislaviensis maximi peccatoris. Ausdrücklich war verboten, den Leichnam zu öffnen und öffentlich auszustellen. Derselbe sollte nach Warmbrunn überführt und in der Familiengruft „zu den Füssen der dort ruhenden geliebten Eltern, Vater und Mutter, beigesetzt werden." Die Beisetzung erfolgte unter grosser Feierlichkeit am 10. Januar 1795 [1]).

---

[1]) Pfarrarchiv in Warmbrunn.

Joseph Christian Fürst von Hohenlohe-Waldenburg-Bartenstein (1795–1817).

Zu Bartenstein den 6. November 1740 geboren, wurde er frühzeitig für den geistlichen Stand bestimmt und war bereits Domherr in Köln, Strassburg und Salzburg, als er 1781 ein Breslauer Kanonikat erhielt. 1787 wurde er Koadjutor, 1789 Dompropst und Titularbischof von Leros und bestieg 1795 den bischöflichen Stuhl. Während seiner Regierung fand durch die Säkularisation der Kirchengüter in Schlesien auch die weltliche Herrschaft des Bischofs ihr Ende; nur die im österreichischen Antheile liegenden Güter blieben dem Bisthume erhalten. Joseph Christian starb auf Schloss Johannesberg nach langer schmerzlicher Krankheit, am 21. Januar 1817, im Alter von 76 Jahren. Er wurde auf dem Friedhofe zu Jauernig in einer eiskellerartigen Gruft beigesetzt, deren Deckstein folgende Inschrift trägt:

Hier ruhen
im heiligen Frieden
die Gebeine
des LIII^{ten} Fürstbischofs von Breslau
Joseph Christian
aus dem Hause der Fürsten zu Hohenlohe Bartenstein
geboren den 6ten November 1740.

Er trug durch 22 sehr verhängniss- und kummervolle Jahre den Hirtenstab mit unverbrüchlicher
Treue und starb
den 21ten Januar 1817.

Prunklos, wie es der Ehrwürdige wollte, bezeichnen seine trauernden Neffen Ludwig und Carl, Fürsten zu Hohenlohe, die Ruhestätte Seines Irdischen mit diesem Steine.
Segne o Sterblicher hier und dort sein Andenken!

Emanuel von Schimoni Schimonsky (1824—1832).

Geboren den 23. Juli 1752 zu Brzesnitz in Oberschlesien, zu Rom gebildet, wurde er Mitglied des Breslauer Domkapitels, zuletzt dessen Dechant. Seit 1797 war er Weihbischof und von 1817 an Administrator der Diöcese. Auf Grund der Bulle De Salute animarum, welche 1821 die kirchlichen Angelegenheiten in Preussen regelte, wurde er zum ersten exemten Bischofe von Breslau erwählt. Er starb zu Breslau an einem Schleimfieber am 27. Dezember 1832 gegen 9 Uhr Abends im 81. Lebensjahre und wurde im Schiffe der Kathedrale vor dem silbernen Dreifaltigkeitsaltare in einem neugemauerten Grabe beigesetzt. Die Stelle ist kenntlich gemacht durch einen ins Pflaster eingefügten Marmorstein, der folgende. 1893 erneuerte, Inschrift hat: Emanuel de Schimoni Schimonsky D. G. Pr. Epūs Wratisl. natus XXIII. Julii MDCCLII. denatus XXVII. Decbr. MDCCCXXXII. hoc in loco sepultus requiescit [1]).

[1]) Erdmann a. a. O. 27.

Leopold Graf Sedlnitzki (1836—1840).

Als Sohn eines altadligen Geschlechts den 29. Juni 1787 zu Geppersdorf in Oesterreich-Schlesien geboren, erhielt er als elfjähriger Knabe bereits ein Kanonikat am Breslauer Dome, wurde 1830 Dompropst, nach Schimonskys Tode Kapitelsvikar und infolge staatlichen Einflusses schliesslich zum Fürstbischof gewählt. Die bischöfliche Weihe erhielt er am 18. September 1836 durch den Erzbischof Dunin von Posen. Durch den apostolischen Stuhl veranlasst, resignirte er 1840 und lebte seitdem als Staatsrath in Berlin, wo er später zum Protestantismus übertrat. Er starb in Berlin den 25. März 1871, 83 Jahre alt, am Gehirnschlage und wurde zu Rankau bei Nimptsch in Schlesien beigesetzt [1]).

[1]) Selbstbiographie des Grafen Leopold Sedlnitzki von Choltitz. Berlin 1872.

Joseph Knauer (1843—1844).

Eine lange Thätigkeit als Kaplan in Mittelwalde, Pfarrer in Albendorf und Habelschwerdt, als Grossdechant der Grafschaft Glatz lag hinter ihm, er hatte bereits vier Jahre seine Sekundiz gefeiert, als er am 23. April 1843 den Bischofstuhl von Breslau bestieg. Er hatte ihn nur etwas über ein Jahr inne; schon am 16. Mai 1844 Mittags 12½ Uhr starb er zu Breslau an Altersschwäche im 80. Lebensjahre und wurde den 20. Mai im Schiffe der Kathedrale vor dem St. Vincenzaltare in einem neugemauerten Grabe beigesetzt. Dasselbe ist bedeckt durch einen Marmorstein mit folgender, 1893 erneuerter Inschrift:

Joseph Knauer
Fürstbischof von Breslau
geboren zu Rothflössel
in der Grafschaft Glatz den I. Decbr. MDCCLXIV.
zum Priester geweiht den VII. März MDCCLXXXIX.
zum Fürstbischof erwählt den XXVII. August MDCCCXXXXI.
konsekrirt und inthronisirt den XXIII. April MDCCCXXXXIII.
wurde nach fünfundfünfzigjähriger
Arbeit im Weinberge des Herrn am XVI. Mai MDCCCXXXXIIII.
zum Feierabend gerufen.
Er ruhe in Frieden [1]).

---

[1]) Erdmann a. a. O. 136.

Melchior von Diepenbrock (1845—1853).

Seine Wiege stand zu Bocholt in Westfalen; dort wurde er am 6. Januar 1798 geboren. Er widmete sich dem Kriegsdienste, ehe er sich dem geistlichen Stande zuwandte. Als Domdechant von Regensburg wurde er am 15. Januar 1845 zum Bischof von Breslau gewählt; die Konsekration erhielt er am 8. Juni zu Salzburg vom Kardinal Fürst Schwarzenberg, und die Inthronisation erfolgte am 27. Juli. Er inaugurirte eine neue Periode des kirchlich-religiösen Lebens in der Diöcese. In den Revolutionsjahren, die sein Episkopat aufregten, erwies er sich als eine feste Stütze nicht nur der kirchlichen, sondern auch der staatlichen Ordnung. Von seinem Könige ward er auf ausgezeichnete Weise geehrt und vom Papste 1850 zum Kardinal erhoben. Er starb nach langer schmerzlicher Krankheit auf Schloss Johannesberg am 20. Januar 1853 im Alter von 55 Jahren. Es war sein Wunsch gewesen, in seiner Kathedrale, unfern des Hauptportals in einem Winkel zu ruhen. Am 24. Januar wurde die bischöfliche Leiche von Johannesberg weggeführt, die folgende Nacht hindurch war sie in der Pfarrkirche zu Strehlen niedergesetzt und gelangte am Abende des 25. Januar nach Breslau, wo sofort die Ueberführung nach der Kathedrale erfolgte. Die Nacht hindurch wachten die Alumnen des Priesterseminars am Sarge, das Todtenofficium betend. Am 26. Januar wurde der Trauergottesdienst vom Kardinal Schwarzenberg, Erzbischof von Prag, die meisterhafte Leichenrede vom Domprediger Dr. Förster gehalten und darauf die Leiche im mittlern Planum des Presbyteriums, gegenüber dem bischöflichen Throne in einer eigens hergestellten Gruft beigesetzt[1]). Eine weisse Marmorplatte deckt das Grab und folgende Inschrift hält das Andenken an den grossen Toten lebendig:

Hic
requiescit
Presbyter s. r. e. Cardinalis
Melchior Lib. Bar. de Diepenbrock
Princeps Episcopus Vratisl.
natus d. VI. Januarii MDCCXCVIII.
obiit d. XX. Januarii MDCCCLIII.
Lux perpetua luceat
Ei!

---

[1]) (Foerster), Kardinal und Fürstbischof Melchior von Diepenbrock. Breslau 1859.

Heinrich Förster (1853—1881).

Er war zu Glogau den 24. November 1799 geboren, 1825 zum Priester geweiht und in der Seelsorge thätig, bis er 1837 als Kanonikus auf die Kanzel der Kathedrale berufen wurde, die er sechzehn Jahre zierte. Kapitelsvikar nach Diepenbrocks Hinscheiden, wurde er zu dessen Nachfolger am 18. Oktober 1853 vom Kardinal Fürst Schwarzenberg geweiht. In die Fussstapfen seines Vorgängers tretend, suchte er fortzusetzen und zu vollenden, was derselbe zum Wohle der Diöcese begonnen hatte. Die kirchenpolitischen Wirren setzten 1875 seinem Wirken im preussischen Antheile der Diöcese ein Ziel, und er sah sich gedrängt, Breslau zu verlassen und seinen bleibenden Aufenthalt in Johannesberg zu nehmen. Dort starb er, fast 82 Jahre alt, nach 28jähriger Regierung, am 20. Oktober 1881 Nachmittags 4 Uhr. Am 24. Oktober früh wurde in der Schlosskapelle die Leiche eingesegnet; hieran schloss sich, dem Wunsche des Entschlafenen gemäss, die Ueberführung nach Breslau. Am folgenden Tage wurden früh 10 Uhr in der Kathedrale die feierlichen Exequien gehalten, worauf die Beisetzung im mittlern Planum des Presbyteriums, unmittelbar vor dem bischöflichen Throne in einer neuhergestellten Gruft erfolgte. Der in das Pflaster eingefügte marmorne Grabstein hat folgende Inschrift:

Hic
requiescit
Henricus Förster
Princeps Episcopus Vratisl.
natus d. XXIV. Novembris MDCCCIC
obiit d. XX. Octobris MDCCCLXXXI
Requiem aeternam
dona Ei Domine!

Robert Herzog (1882—1886).

Zu Schönwalde bei Frankenstein den 17. Februar 1823 geboren und 1848 ordinirt, war er als Kaplan, Kuratus, Pfarrer, Erzpriester und Schuleninspektor an verschiedenen Orten mit Auszeichnung thätig, bis er 1870 zum Fürstbischöflichen Delegaten und Propst zu St. Hedwig in Berlin bestellt wurde. Von dort berief ihn Leo XIII. 1882 zum Oberhirten des verwaisten Breslauer Bisthums, welches unterdess Weihbischof Dr. Gleich administrirt hatte. Am 21. Mai 1882 erfolgte die bischöfliche Weihe durch den Bischof von Ermland, Philipp Krementz, den spätern Kardinal und Erzbischof von Köln. Mit grossem Eifer suchte der neue Fürstbischof die Wunden zu heilen, welche die Kämpfe der letzten Jahre seinem Sprengel geschlagen hatten. Allein es war ihm nur ein kurzes Wirken beschieden. Er starb in seiner bischöflichen Kurie zu Breslau nach monatelangem Siechthum am 26. Dezember 1886 früh 4 Uhr und wurde am 30. Dezember, nachdem Erzbischof Dinder von Posen, dessen Konsekration am 30. Mai 1886 die letzte bischöfliche Amtshandlung des Verstorbenen gewesen, die Exequien gehalten, im untersten Planum des Presbyteriums im Grabe des Bischofs Jodocus beigesetzt. Das Grab ist bezeichnet durch eine Marmorplatte, die von Roland Sticher mit Nielloarbeit geziert ist und in gothischen Buchstaben folgende Inschrift trägt:

Robertus Herzog
Princ. Epus. Vratislav.
natus XVII. Febr. 1823,
obiit XXVI. Decembr. 1886.
R. I. P.

Ueber der Inschrift ist das Wappen des Verstorbenen angebracht.